40 JEUX

à faire soi-même

faciles et créatifs

ISBN : 2-08162535 Flammarion éditeur (N°2535)

www.editions.flammarion.com

Réalisations :
Stéphanie Charpiot
(pages 16, 20, 22, 28, 32, 38, 42, 50, 52, 56, 58, 60, 62, 64, 76, 80, 82, 90, 100)
Savine Pied
(pages 14, 18, 24, 30, 36, 40, 46, 48, 66, 68, 70, 72, 74, 86, 88, 92, 94, 96, 102)
Catherine Zelvelder pour le tee-shirt petits chevaux (page 19) et le memory des objets (page 45)

Illustrations : **Savine Pied**
Photographies : **Christophe Gruner** et **Philippe Ughetto**
Photographie page 6 : **© RMN - Franck Raux**

L'éditeur remercie la ludomobile de Villejuif (94), source d'inspiration.

40 JEUX
à faire soi-même

Père Castor ■ Flammarion

SOMMAIRE

Jeux de **hasard**

Jeux de logique

Jeux d'adresse

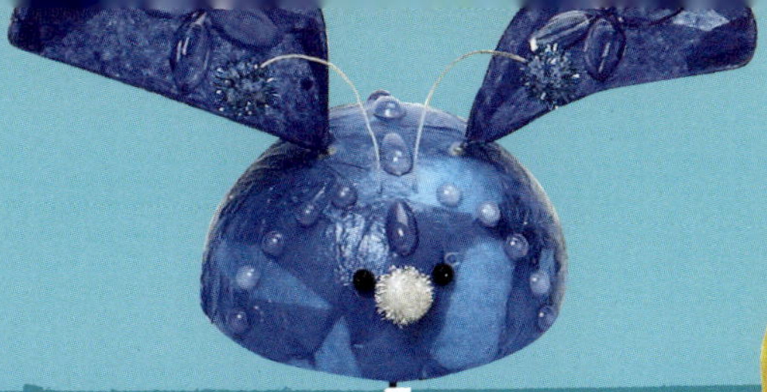

JEUX DE rapidité

MODÈLES ET patrons

De tout temps les hommes ont joué à des jeux, traditionnels ou sportifs. Dans la mythologie égyptienne, même les dieux jouent (Thot joue contre la Lune) et les premiers Jeux olympiques datent du VIIIe siècle avant Jésus-Christ.

Le jeu

En Inde, on jouait au « Pachisi », les Égyptiens, eux, se retrouvaient autour d'un plateau de jeux de Senet, les Romains, les Grecs connaissaient de nombreux jeux qui se sont transformés au cours des siècles, mais dont nous avons hérité, pour notre plus grand plaisir...

Aujourd'hui, nous jouons pour faire passer le temps les jours pluvieux, se divertir, prendre du plaisir, animer une fête, un anniversaire...

Mais le jeu, c'est aussi apprendre à jouer ensemble, respecter des règles du jeu, se mesurer à un adversaire, apprendre à perdre... Ce que nous ne manquerons pas de transmettre à nos enfants !

Le dé

Avant d'utiliser des dés, les Grecs jouaient avec des osselets. Chaque face ayant une valeur différente. Les premiers dés apparaissent durant le troisième millénaire chez les Égyptiens sous la forme de tétraèdres (4 faces et 6 arêtes). Les dés en forme de cube font leur apparition en 2300 ans avant Jésus-Christ. dans la civilisation de l'Indus. Chacune des facettes de ce dé représente un chiffre de 1 à 6. La numérotation actuelle (avec la somme des points des faces opposées égale à 7) s'est généralisée en Grèce à partir du VIIe siècle avant Jésus-Christ.

Cet instrument est le symbole du hasard, car on ne sait jamais sur quelle face il va se retourner. Sauf si celui-ci est « pipé » c'est-à-dire si une de ses facettes est alourdie ou si deux faces portent le même numéro.

Le dé peut constituer un jeu à lui tout seul ou peut être un élément complétant un jeu de société.

Le jeu de plateau

Depuis des millénaires, les jeux de plateau font partie des distractions préférées des hommes.

Les jeux de plateau ont des caractéristiques diverses puisque ils peuvent être des jeux de hasard comme les petits chevaux ou le jeu de l'oie qui sont aussi appelés jeux de parcours, mais ils peuvent être également des jeux de stratégie comme les dames ou les échecs.

Le pion

Le mot « pion » signifie l'homme à pied, le fantassin ; il représente le joueur lui-même. Les premiers pions datent de 3000-2800 avant notre ère.
Le pion est indissociable des jeux de plateau, c'est un instrument au service des jeux de société et de hasard.
Les pions sont très souvent décorés et représentent fréquemment des symboles ou des personnages. Leur représentation évolue en fonction des époques, il n'était pas rare d'utiliser les pions à des fins politiques.

Le plaisir de créer

Ce livre offre au lecteur la possibilité de s'initier aux jeux, mais aussi de prendre plaisir à faire soi-même son plateau de jeu, ses pions, par l'activité manuelle, avec du matériel simple et peu coûteux.
Nous proposons ici des jeux de hasard, fondés sur les caprices du sort (oie, petits chevaux, roue du hasard), mais aussi des jeux fondés sur l'habileté du joueur ou sa stratégie, sa patience et sa réflexion, son analyse du jeu (renard et poules, échecs, cibles...)
Pour jouer à l'extérieur et animer des anniversaires, le jeu de pêche à la ligne, l'attaque du château, les quilles, le chamboule-tout, la course en sac... raviront petits et grands joueurs !

Que le meilleur gagne.
Mais que tous se rappellent que l'important c'est de participer et de s'amuser !

1 JEUX DE hasard

- La roue du hasard
- Le jeu de l'oie
- Les petits chevaux
- Le visage
- Le loto-puzzle des animaux
- Le pantalon à surprises

- 1 roue de vélo
- 1 planche de contreplaqué plus grande que le diamètre de la roue
- 32 gros clous de 9 cm de longueur
- peinture
- pinceau
- colle à paillettes
- 1 grosse rondelle
- 1 bout de tuyau fin ou de plastique dur (15 à 20 cm)
- perceuse
- marteau
- crayon
- règle
- pince

Choisis une couleur et un chiffre, tourne la roue... Qui est l'heureux gagnant ?

La roue du hasard

Les jeux de hasard ont toujours fasciné les hommes... Ces jeux sont liés à la notion de pari, ce qui rend l'enjeu encore plus important !

1

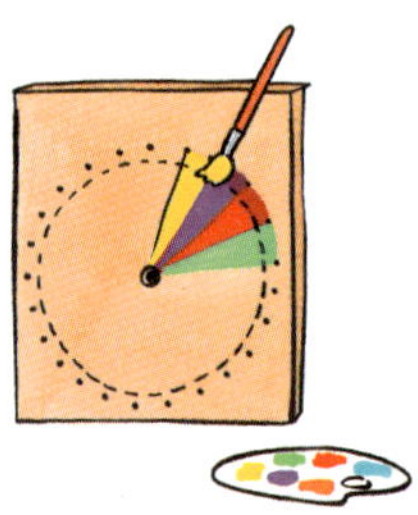

2

3

DEMANDE
à un adulte de faire un trou à la perceuse au centre de la planche d'un diamètre égal à celui de l'axe de la roue de vélo (pas plus large).

PEINS
la planche en différentes couleurs sur la surface de la roue en répétant les couleurs (dépasse de 3 cm tout le tour).

PLANTE
les 32 clous aux extrémités des couleurs.

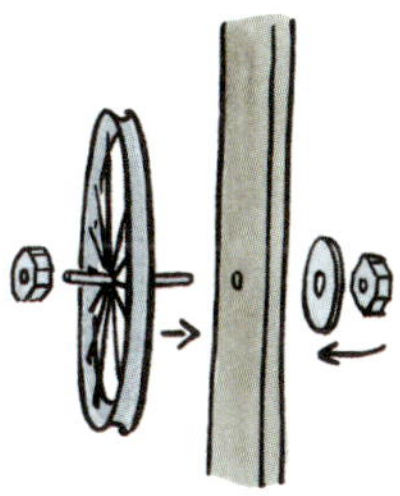

4

5

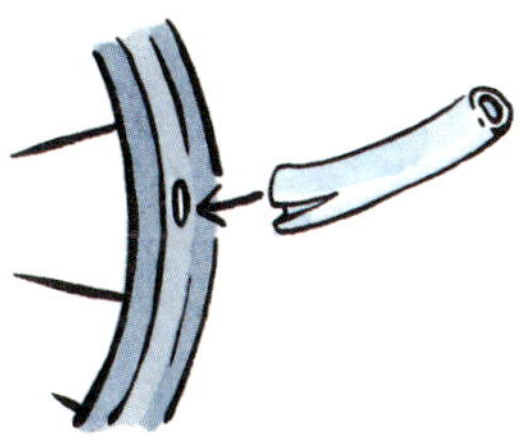

6

GLISSE
l'axe dans la planche (pour fixer la roue) et serre les 2 écrous en plaçant une rondelle derrière.

DÉCORE
la planche et les clous avec de la colle à paillettes.

FIXE
un morceau de plastique rigide (ou le tube fin) dans le trou de la valve. Pour qu'il entre plus facilement, fends-le sur 1 cm et bloque-le dans le trou.

- environ 200 g de pâte durcissant à l'air (ici, argile naturelle blanche)
- peinture acrylique
- pinceau
- 4 cure-dents (ôter les extrémités pointues), piques à brochettes ou autres baguettes en bois

Grâce à tes petites oies, tu pourras jouer sur n'importe quel plateau de jeux que tu auras dessiné ou récupéré...

Le jeu de l'oie

Ce jeu de hasard trouve son origine en Italie à la fin du XVIe siècle.

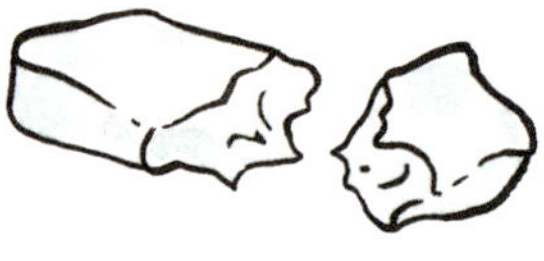

1 Étapes pour 4 oies

DÉTACHE
1 morceau d'environ 200 g dans de la pâte qui durcit à l'air.

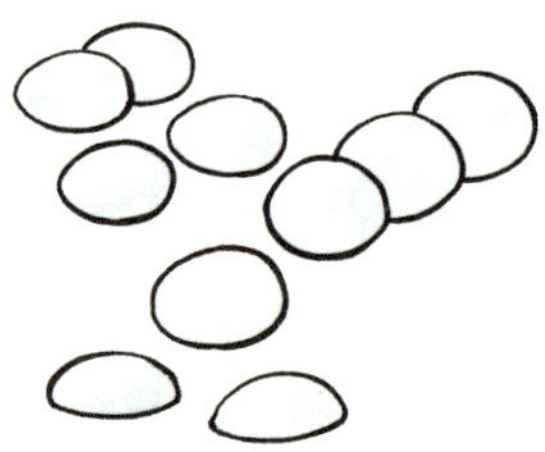

2

FORME
4 petits œufs pour les têtes, 4 plus gros pour le corps et 4 petits socles en roulant la pâte dans le creux de ta main (aplatis le socle en le pressant sur une surface plane).

3

UTILISE
des petites piques enfoncées dans la pâte pour faire le cou et les pattes (traverse les corps et plante les extrémités dans la tête et le socle).

Tu détiens 2 dés pour arpenter les 63 cases du jeu... mais gare aux embûches !

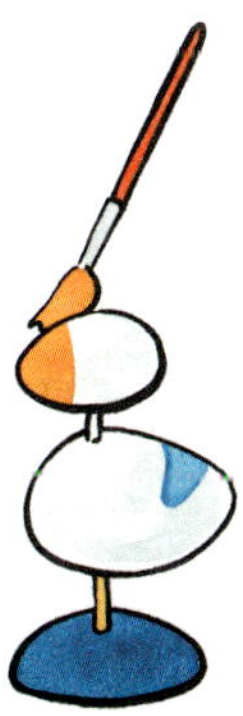

4

PEINS
les oies une fois la pâte sèche (environ 10 h).

- du bois de noisetier (ou autre) 11 cm x 16 ou 16 baguettes de 11 cm
- une planche en Isorel de 32 x 32 cm ou un carton épais
- un morceau d'herbe pour modélisme (papier), 36 x 36 cm
- 1 planchette de bois très fine (cageot fin)
- peinture (4 couleurs différentes)
- pinceaux
- feutre noir
- 4 bouchons de liège
- de la pâte qui sèche à l'air
- du foin ou herbe sèche et ficelle
- 1 petite scie ou 1 couteau à dents
- ciseaux
- colle forte ou pistolet à colle

Voilà une version des petits chevaux bien originale et très « nature » !

Les petits chevaux

Ce jeu de parcours très ancien est apparu en Inde au XVIe siècle sous le nom de « Pachisi » ou « jeu des vingt-cinq » et continue d'amuser petits et grands.

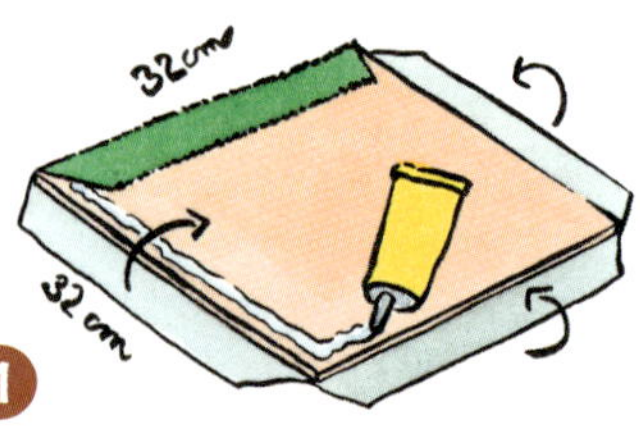

1

2

3

RECOUVRE
la planche (32 x 32 cm) de fausse herbe. Colle toute la surface, puis retourne la planche, et colle les bords.

COLLE
les morceaux de noisetier : commence par les 2 morceaux parallèles à coller sur la planche, puis mets de la colle sur leurs extrémités avant de poser les 2 autres dessus.

MARQUE
le chemin qui entoure l'enclos avec un bouchon trempé dans la peinture (utilise 1 bouchon par couleur). Il faut 7 empreintes par côté et 1 au centre (respecte bien le nombre et les couleurs d'empreintes).

Tu peux t'amuser à peindre un plateau de jeu sur un tee-shirt, tu seras sûr de pouvoir jouer n'importe où !

Fais les petits chevaux à peu près de la même taille, pas plus gros qu'une case !

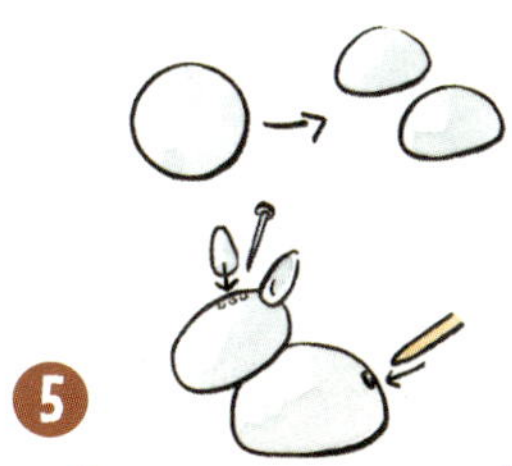

DÉCOUPE
dans la planchette 24 rectangles de 2,5 x 1,5 cm environ, et colle-les comme sur le dessin et la photo. Ensuite, écris les chiffres de 1 à 6 au feutre.

MODÈLE
les chevaux. Pour les corps, fais une grosse boule de 2 cm de diamètre et coupe-la en 2. Fais un petit boudin pour la tête et ajoute les oreilles. Prépare 3 petits trous pour la crinière et 1 pour la queue. Laisse sécher.

PEINS
les chevaux, puis colle un bout de ficelle dans le trou de la queue. Découpe un morceau de feutrine pour la selle et glisse 3 morceaux de foin pour la crinière. Si tu veux faire un dé, reporte-toi à la page 107.

- 1 feutre noir
- 1 feutre rouge (pour le nez de clown sur le dé)
- colle
- ciseaux
- ruban adhésif
- 1 petite éponge
- 1 feuille de papier un peu épais (pour le dé)

Pour chaque joueur :

- 1 carton (21 x 29,7 cm)
- 1 feuille de papier blanc (21 x 29,7 cm)
- 1 rhodoïd ou feuille plastique (21 x 29,7 cm)
- 1 feutre noir lavable à l'eau

Qui sera le premier à redessiner son visage ?

Le visage

Chaque joueur doit, à l'aide du dé, reconstituer le visage avant ses adversaires. Chacun lance le dé à tour de rôle et dessine la partie du visage indiquée. Celui qui tombe sur le nez de clown doit effacer un élément de son visage.

1 Le modèle et les fiches

DÉCALQUE le modèle du visage (pages 106 et 107) sur une feuille de papier blanc. Décalque ensuite, sur des feuilles séparées, autant de contours de visages (sans les yeux, le nez, la bouche) qu'il y aura de joueurs.

2

DÉCOUPE une feuille de rhodoïd par joueur.

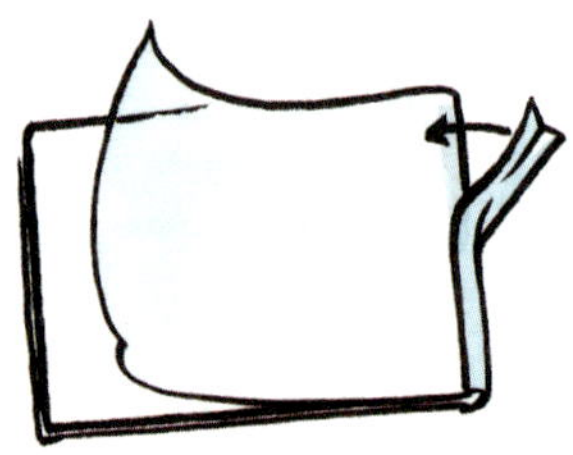

3

FIXE ces feuilles transparentes (sur une longueur seulement) à une planche de carton de même format.

4

GLISSE
la fiche du visage incomplet entre le rhodoïd et le carton.

5 **Le dé**

DÉCALQUE
ou recopie le modèle proposé pour faire le dé (pages 106-107).

6

DÉCOUPE
et assemble les faces du dé en collant les rabats.

- carton plume (6 planches de 24 x 17 cm)
- 1 gros feutre noir
- papier machine blanc (8 feuilles 21 x 29,7 cm)
- ciseaux
- peinture et pinceau ou feutres
- cutter
- colle

Qui sera le premier à retrouver toutes les pièces de son animal ?

Le loto-puzzle des animaux

Le loto est un jeu de chance né en Italie au XVIIIe siècle : son nom italien, « lotto » signifie « lot ».

1

PHOTOCOPIE ou redessine sur une grande feuille les 6 animaux proposés pages 108-109 : une fois le contour seul, une fois avec les détails.

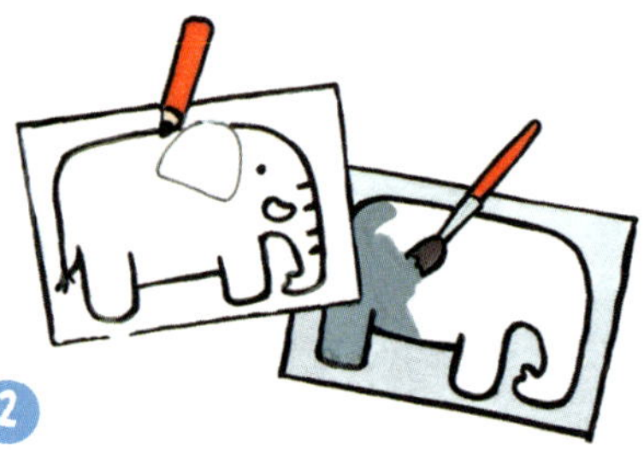

2

COLORIE au feutre ou à la peinture.

3

COLLE les dessins avec les détails sur le carton plume et découpe-les en 8 morceaux.

Le but du jeu est de remplir sa fiche le plus rapidement possible en piochant des morceaux au hasard dans un sac.

4

GLISSE
les morceaux dans un sac opaque.

- 1 boîte ronde en fer (de gâteaux ou de bonbons)
- 1 pantalon en coton (taille 2 ou 4 ans)
- colle forte ou ruban adhésif
- peinture pour tissu
- une série de petits objets par paire

Sans voir, sauras-tu reconnaître et retrouver les paires d'objets ?

Le pantalon à surprises

1

2

3

DÉCORE
le pantalon avec la peinture. Commence par un côté, puis, une fois bien sec, fais l'autre côté.

FIXE
le pantalon sur la boîte avec de la colle ou du ruban adhésif. Tu peux renforcer la fixation avec un gros ruban adhésif entoilé.

LAISSE
bien sécher, puis, par les 2 jambes, glisse les paires d'objets à dénicher.

Tu dois glisser une main dans une jambe du pantalon et retrouver les paires d'objets par le toucher. Un deuxième joueur fait la même chose en même temps par l'autre jambe.

2 JEUX DE logique

- Jeu de dames en feutrine
- Les échecs
- La potion magique
- L'île du solitaire
- Le jeu du renard et des poules
- Le « mistigri »
- Où suis-je ?
- Le « memory » des objets
- Jeu de 7 familles
- Dominos tactiles
- La phrase logique
- Tangram

- feutrine : 1 panneau orange de 46 x 46 cm et 2 panneaux blancs de 46 x 46 cm et 20 x 20 cm
- 1 plaque de mousse de 40 x 40 cm et de 1 cm d'épaisseur (ou plus)
- fil blanc
- 1 aiguille
- colle
- ciseaux
- ciseaux cranteurs
- 1 couteau
- 20 bouchons de liège
- peinture (blanche et orange)
- pinceau

Qui sera le premier à manger tous les pions de son adversaire ?

Jeu de dames en feutrine

Sous sa forme moderne, ce jeu de stratégie date en France du XVe siècle.

1

2

3

DÉCOUPE
2 carrés de 46 cm dans de la feutrine de 2 couleurs différentes (ici un orange et un blanc).

GLISSE
entre les 2 un carré de mousse de 40 x 40 cm et couds les 3 parties à 3 cm du bord de la feutrine.

DÉCOUPE,
dans de la feutrine blanche, 50 petits carrés de 4 x 4 cm que tu colleras en damier sur la face orange tous les 4 cm.

4

DÉCOUPE
aux ciseaux cranteurs les bordures du plateau pour faire plus joli.

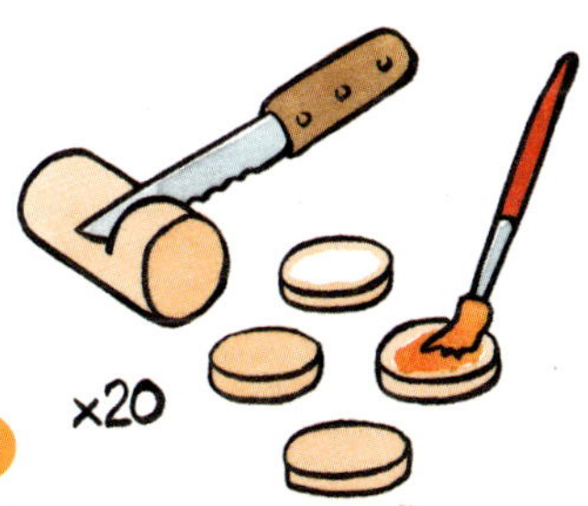

5

COUPE
20 bouchons de liège en 2 avec un couteau (demande à un adulte de t'aider) et peins le dessus des 40 rondelles (20 en blanc, 20 en orange) pour faire les pions.

6

FABRIQUE
un petit sachet pour ranger tes pions en cousant 2 rectangles de feutrine. Prévois un lacet ou une cordelette pour fermer le sac.

- du carton d'emballage (un morceau de 32 x 32 cm et un morceau de 16 x 16 cm)
- du fil scoubidou de différentes couleurs
- du fil de fer de diamètre inférieur à celui du fil scoubidou
- des bouchons de liège : 16 par joueur (si les bouchons sont cylindriques, les pions peuvent être réalisés en utilisant 1 bouchon pour 2 pions)
- ciseaux
- pince à fil de fer
- cutter
- vernis
- peinture ou feutres
- pinceaux
- règle
- crayon à papier

De déplacements divers en réflexions agitées, toutes les pièces de l'échiquier n'ont qu'un seul but : bloquer le roi de l'adversaire et clamer : « échec et mat ! »

Les échecs

Les Arabes ont découvert ce jeu en Perse au VIIe siècle et l'ont alors introduit en Europe. Mais les échecs trouvent leur origine en Inde, au Ve siècle !

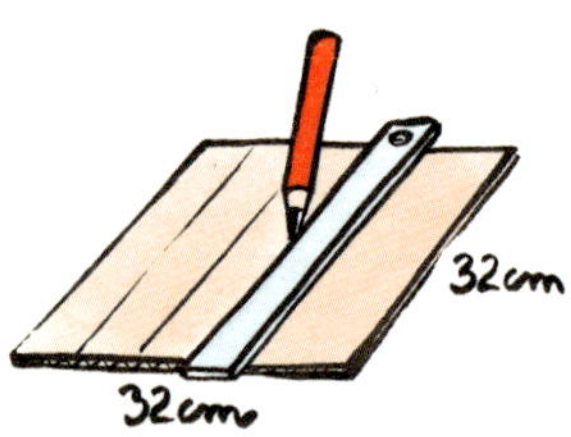

1 Le plateau

DÉCOUPE dans le carton un carré de 32 x 32 cm et trace des lignes tous les 4 cm au crayon à papier. Un seul sens suffit.

2

TRACE 32 carrés de 4 x 4 cm sur un autre morceau de carton, et prédécoupe-les au cutter, dans un sens, puis dans l'autre pour faciliter la découpe. Vernis la plaque prédécoupée.

3

DÉCOUPE les carrés une fois secs et colle-les sur la plaque de 32 x 32 cm. Aide-toi des lignes tracées au crayon pour positionner les carrés.

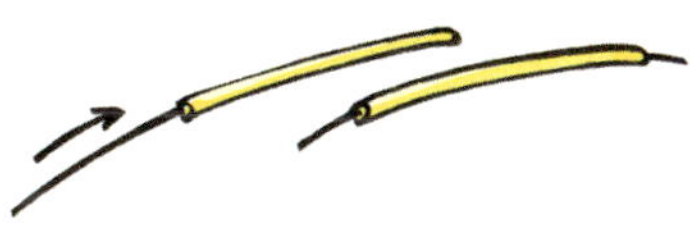

4 Les pions

5

6

COUPE
des morceaux de fil de fer à l'aide d'une pince et des morceaux de fils scoubidou un peu plus petits que le fil de fer. Passe les fils de fer dans le scoubidou.

TORDS
les scoubidous comme sur le dessin, et pique les pointes de fil de fer dans le liège. Dessine les yeux et la bouche avec de la peinture ou des feutres.

COUPE
des bouchons en 2 pour les 16 pions et peins-les (1 couleur par camp).

- carton
- papier noir et blanc
- colle
- ciseaux
- crayons de couleur
- gros fil noir
- 4 fils de couleurs différentes
- peinture blanche
- pinceau brosse
- 1 dé

Quatre petites sorcières s'en allèrent faire leurs courses. Laquelle aura le plus d'ingrédients à l'arrivée ?

La potion magique

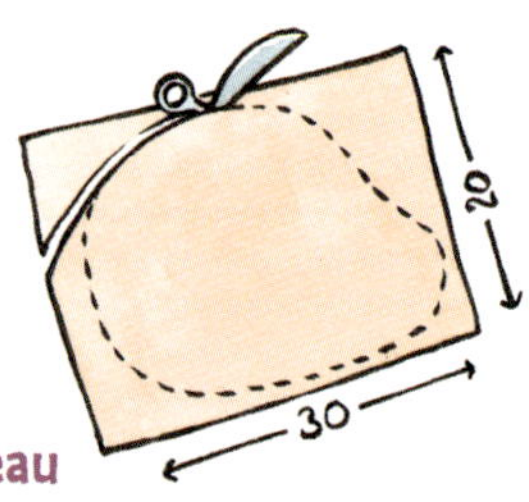

1 Le plateau

2

3

DÉCOUPE dans du carton la forme du plateau.

COLLE dessus du papier noir que tu auras bien froissé.

PASSE sur les reliefs du papier un pinceau brosse recouvert d'une légère couche de peinture blanche (sans eau).

Préparation :

- Le joueur a le choix entre 12 ingrédients pour constituer sa liste de 6 ingrédients.

- 12 Ingrédients : araignée, patte de poule, mouche, pomme, ver de terre, rat, œil, dent, sel, plume noire, goutte de sang, crotte

- Plateau de 25 cases : 12 ingrédients + 4 cases pièges + 4 cases bonus + 4 cases vides + 1 arrivée + 1 départ

- 4 cases **pièges** :
  - cœur : tu passes ton tour
  - fleur : tu offres un de tes ingrédients au prochain joueur
  - chapeau de fée : tu restes bloqué pendant 1 tour
  - baguette magique : tu recules d'autant de cases que l'indique le dé
- 4 cases **bonus** :
  - balai : tu t'envoles d'autant de cases que l'indique le dé
  - chapeau de sorcière : tu choisis l'ingrédient que tu veux sur ta liste
  - grimoire : tu immobilises l'adversaire de ton choix pour un tour (invente une formule magique)
  - chaudron : tu rejoues

4

DÉCALQUE
ou recopie les cases en suivant les modèles de dessins proposés (page 110).

5 La liste des ingrédients

DÉCOUPE
une bande de papier blanc et dessine dessus les 6 ingrédients que tu auras choisis (modèles page 110).

SUITE DE LA PAGE PRÉCÉDENTE

La potion magique

Chaque joueur lance le dé et avance sa sorcière d'autant de cases que le dé l'indique. Il coche alors sur sa liste l'élément sur lequel il est tombé. Le gagnant est celui qui aura, à l'arrivée, coché le plus d'éléments de sa liste.

6 Les pions sorcières (étapes pour 1 pion)

7

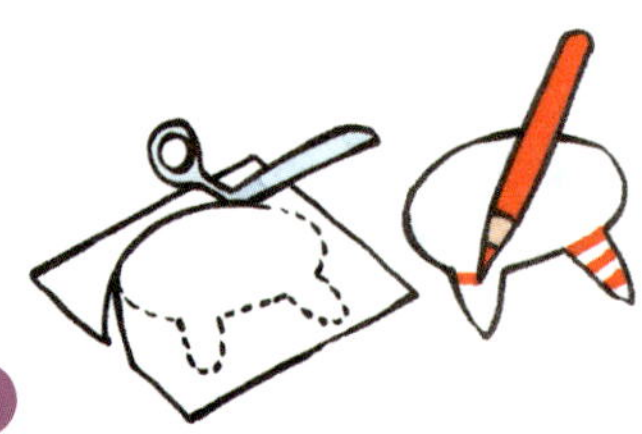

8

FAIS
des petits cônes de papier noir (1 pour le chapeau et 1 pour la robe).

DÉCOUPE
un petit rond dans du papier noir pour faire la base du chapeau et colle dessus le cône correspondant.

DÉCOUPE
un socle dans du papier noir et des petits pieds pointus dans du papier blanc. Colorie les chaussures.

9

10

11

DÉCOUPE
des cheveux dans du gros fil noir et colle-les sous le chapeau (une dizaine de mèches d'environ 4 cm de longueur collées en leur milieu).

ASSEMBLE
le tout en collant les différentes parties entre elles (chapeau et cheveux, robe, pieds et socle).

ATTACHE
sur le chapeau de ta sorcière un petit fil de couleur (chaque joueur doit avoir une couleur différente).

- 1 bloc de pâte qui sèche à l'air
- 1 morceau de fil de fer d'environ 30 cm de longueur
- 1 carton épais ou une planche de 24 x 24 cm
- 1 couteau
- peinture
- pinceau
- 1 feutre ou un gros crayon

Lorsqu'il ne restera plus qu'un seul pion sur le plateau, tu pourras crier victoire !

L'île du solitaire

Ce jeu était très à la mode durant le règne de Louis XV.

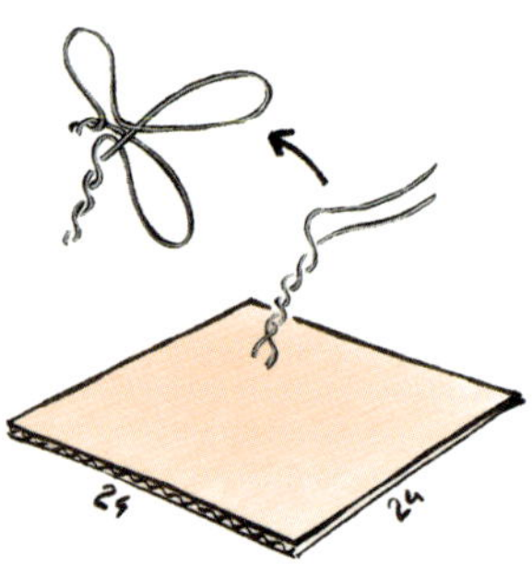

1

2

3

PERCE
2 trous dans le carton. Passe le fil de fer, puis entortille-le comme sur le dessin. Fabrique les feuilles du palmier avec le bout du fil de fer.

POSE
des morceaux de pâte sur le carton en formant l'île, puis la mer. Pense à remonter la pâte aux bords du carton car la mer sert à poser les pions.

RECOUVRE
le tronc et les palmes du palmier de pâte. Marque le tronc avec un couteau. Laisse bien sécher (environ 24 h).

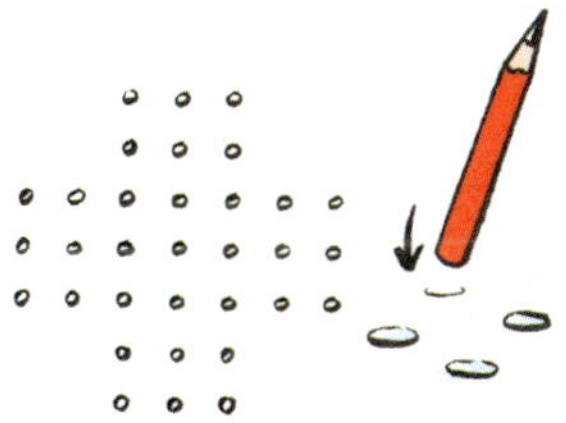

4

MARQUE
l'emplacement des pions comme sur le dessin avec le bout d'un feutre ou d'un gros crayon. (Respecte bien le nombre de trous : 33 en tout.)

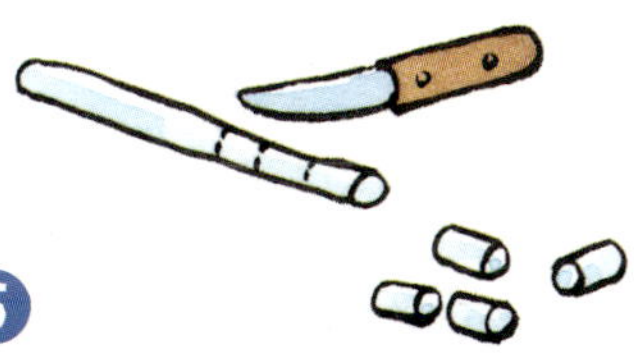

5

ROULE
un morceau de pâte en long boudin (d'un diamètre légèrement plus petit que les trous), puis coupe tous les 1,5 cm environ pour faire les 32 pions.

6

PEINS
le tout une fois bien sec.

- 1 plaque de polystyrène (environ 30 x 30 cm)
- 14 pinces à linge
- feutrine de couleur (verte, blanche et orange)
- piques à brochettes (17 coupées en 2) ou baguettes de balsa
- laine blanche
- feutres de couleur
- colle
- ciseaux
- papier blanc

La chasse est ouverte ; que tu sois poule ou renard, à toi de traquer ton ennemi !

Le renard et les poules

Le jeu médiéval du renard et des poules est à l'origine d'autres jeux de stratégie par chasse comme le jeu d'assaut ou la citadelle.

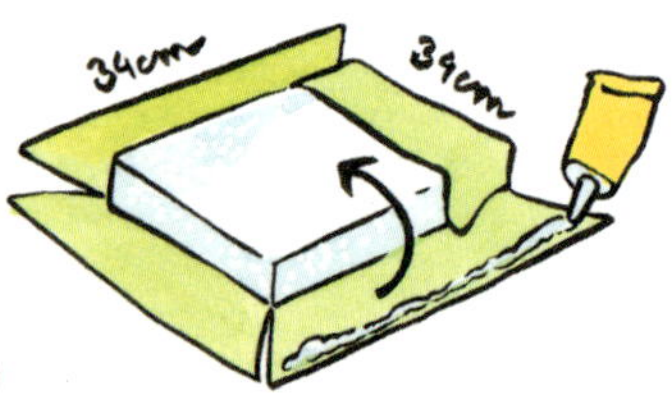

1

RECOUVRE de feutrine verte une plaque de polystyrène carrée.

2

DÉCORE la plaque avec des fleurs découpées dans de la feutrine de couleur (modèle page 111).

3

PLANTE 33 petites baguettes de bois dans la plaque (regarde bien le dessin).

Règle du jeu page 111.

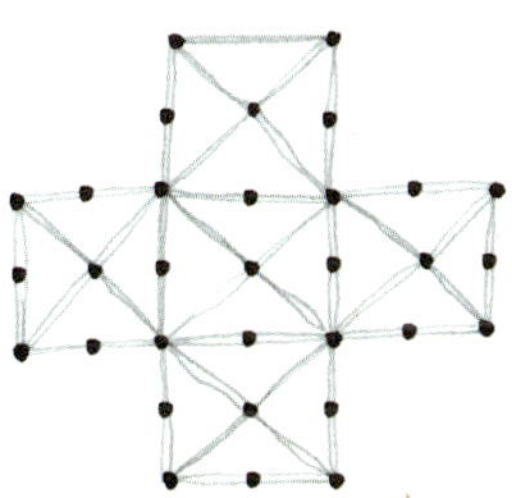

4

RELIE
les baguettes avec de la laine pour figurer des clôtures.

5

DESSINE
13 petites têtes de poules et 1 tête de renard (modèles page 111).

6

DÉCOUPE
les têtes du renard et des poules et colle-les sur les pinces à linge.

- 25 pots de petits suisses
- 12 paires de petits objets (pouvant entrer sous les pots)
- du papier noir
- 2 faux yeux
- des gommettes de couleur
- colle en gel
- ciseaux

Ne pioche pas le mistigri, il te ferait perdre toutes tes paires !

Le « mistigri »

Les pots sont distribués, cachés, à tous les joueurs (en nombre égal). Les joueurs forment les paires, puis prennent à tour de rôle un pot dans le jeu d'un autre joueur.
Le perdant est celui qui a le mistigri en jeu quand toutes les paires sont retrouvées !

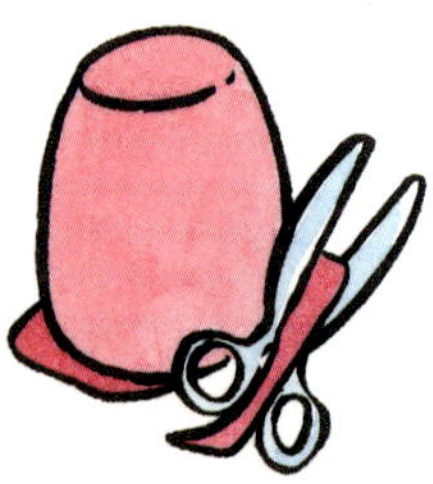

1

DÉCOUPE
les bords des petits pots.

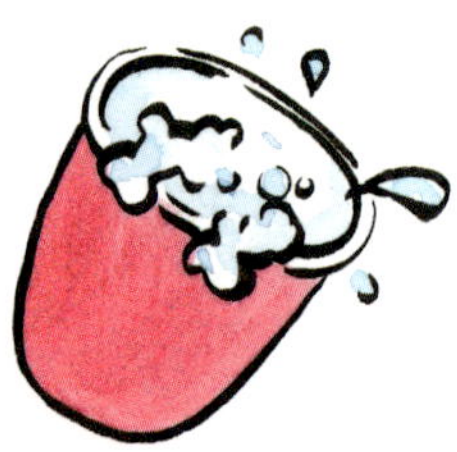

2

NETTOIE
bien les pots et fais-les sécher.

3

COLLE
un petit objet au fond de chaque pot.

4

5

DÉCOUPE
un rond de la taille du fond du pot dans le papier noir, puis colle les yeux. Colle la tête du « mistigri » dans le pot.

DÉCORE
tous les pots avec des gommettes de couleur.

- ruban adhésif
- papier de soie
- 4 couvercles identiques en plastique ronds (chocolat en poudre, biscuits apéritifs...)
- carton
- peinture (4 couleurs)
- pinceau
- ciseaux
- crayon de papier
- feuille de papier
- colle
- 20 petits objets (pouvant être recouverts par les couvercles : dé pour jouer, bobine de fil, bracelet, collier de perles, fil scoubidou, bille, barrette, bouchon en plastique, perle, bague, petit fruit, pile électrique, épingle à nourrice, coquillage, bouton, dé à coudre, chouchou...)

Lequel d'entre vous retrouvera le plus d'objets cachés sous les couvercles ?

Où suis-je ?

Pour jouer, pose tous les objets et les 4 couvercles sur la table. Cache un objet sous chaque couvercle. A tour de rôle, chaque joueur lance le dé et doit se rappeler de l'objet situé sous le couvercle de la couleur qu'indique la gommette sur le dé. Celui qui se rappelle de l'objet caché le gagne et en place un nouveau à sa place. Il rejoue jusqu'à ce qu'il perde. La gommette blanche donne au joueur le choix de la couleur du couvercle, la gommette noire lui fait perdre son tour.

1

PEINS
les 4 couvercles de 4 couleurs différentes. (Pour que la peinture tienne bien, ponce-les légèrement avant).

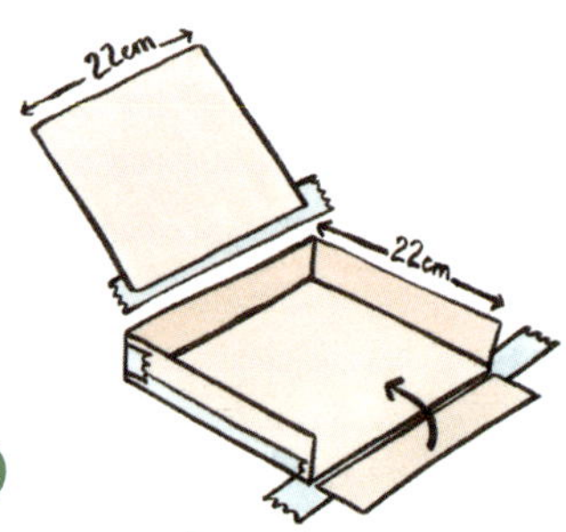

2

FABRIQUE
une boîte avec un couvercle dans du carton (2 carrés de 22 x 22 cm et 4 bandes de 4 x 22 cm assemblés avec du ruban adhésif).

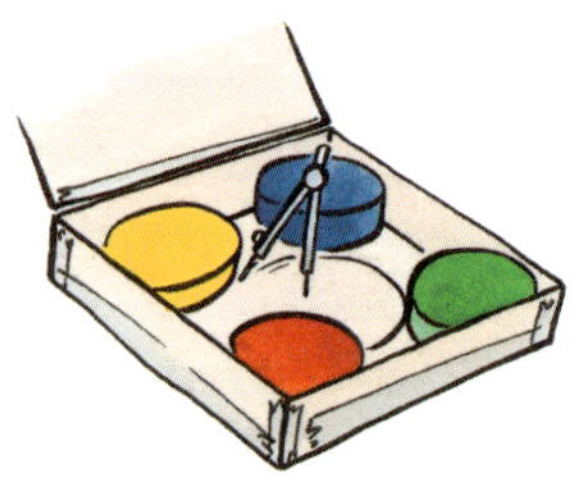

3

PLACE
tes couvercles dans la boîte pour délimiter un cercle au crayon de papier au centre du carré (comme sur le dessin).

4

DÉCOUPE

une languette de papier de la circonférence de ce cercle et de 2,5 cm de largeur et colle-la au fond de la boîte.

5

RECOUVRE

entièrement la boîte du papier de soie collé que tu auras préalablement bien froissé.

6

FABRIQUE

un dé, comme expliqué page 107. Colle sur les faces des gommettes des 4 couleurs des couvercles, plus une blanche et une noire.

- 56 couvercles identiques en plastique (bouteilles de lait, par exemple)
- 28 paires d'objets de petite taille (de façon à pouvoir être recouverts par un couvercle)
- colle forte

Retrouveras-tu toutes les paires une fois les couvercles mélangés ?

Le « memory » des objets

Pour jouer, mélange tous les couvercles et retourne-les en les alignant.
A tour de rôle, les joueurs soulèvent 2 couvercles et doivent retrouver les jumeaux...
Celui qui trouve une paire rejoue. Le gagnant est celui qui retrouve le plus grand nombre de paires.

1

NETTOIE
tous les couvercles et essuie-les bien.

2

REMPLIS
de colle chacun des 52 couvercles et pose un objet dedans. Laisse bien sécher (plusieurs heures).

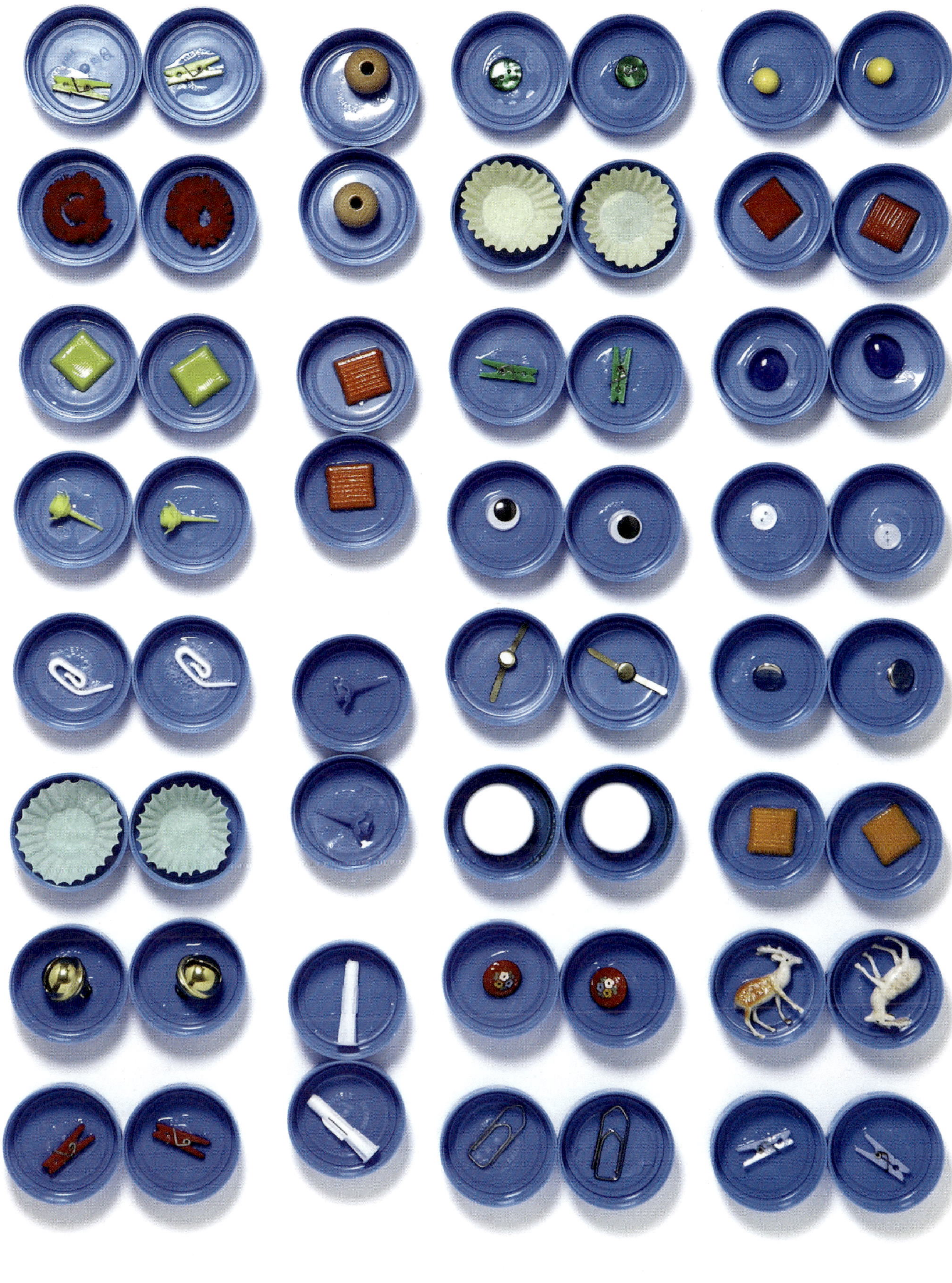

- 42 cartes de visite (pour faire 7 familles de 6 cartes)
- 7 feutres de couleurs différentes
- colle
- ciseaux
- 6 images ou photos différentes par thème (ta famille, les animaux, les oiseaux, les arbres, les fleurs, les poissons, par exemple)

Qui sera le plus chanceux pour reconstituer les familles ?

Jeu de 7 familles

On jouait déjà aux cartes au XIVe siècle ! Elles doivent leur expansion à l'imprimerie qui a permis d'en produire en quantité et de façon rapide.

1

COLORIE
les bandeaux de couleurs en haut des cartes et écris les noms des familles.

2

COLLE
les images sur les différentes cartes. Écris le nom sous l'image.

3

MARQUE
au feutre un numéro de 1 à 6 pour chaque membre de chaque famille.

Les 7 familles du jeu sont mélangées : à toi de les rassembler pour gagner la partie. Si ton voisin n'a pas la carte que tu veux, prends en une dans la pioche sur la table, ton but étant de reconstituer le plus de familles possible.

- 7 matières différentes (plastique à bulles, papier de verre, éponge à récurer, feutrine, fourrure...)
- du carton d'emballage
- colle
- ciseaux

Tu peux jouer les yeux fermés : seuls tes doigts te serviront à reconnaître le bon domino !

Dominos tactiles

Les Chinois ont été les premiers à jouer aux dominos...

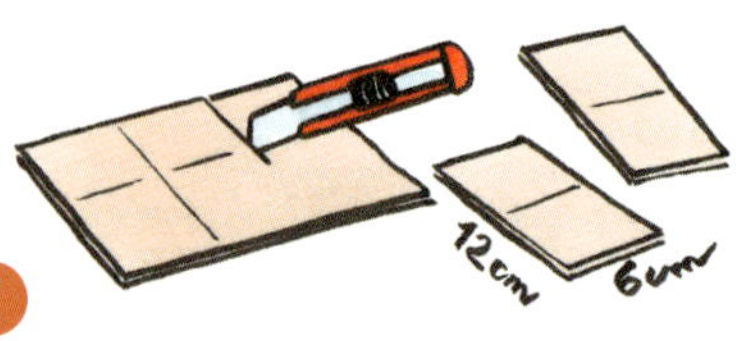

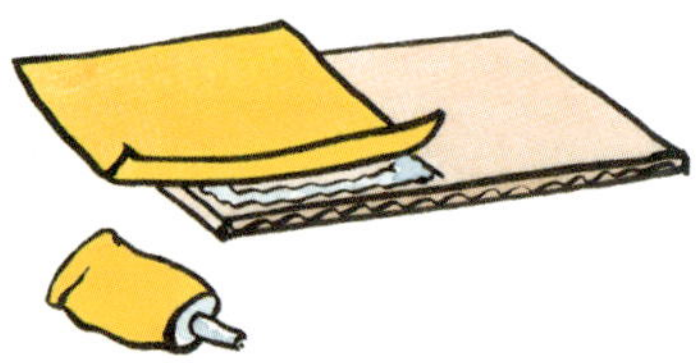

1 **DÉCOUPE**
28 cartons de 6 x 12 cm.

2 **COLLE**
la première matière choisie sur les moitiés de 7 dominos. Colle une surface un peu plus grande que le carton, puis recoupe juste aux bords.

3 **COLLE**
une nouvelle texture sur 6 autres moitiés et sur l'un des dominos déjà à moitié recouvert.

4

RECOMMENCE
pour toutes les matières en suivant le nombre et le choix indiqués sur le dessin ci-dessus (1 couleur correspond à une texture).

- 1 filet à pommes de terre (ails ou oignons)
- 1 petit ruban
- des feuilles de papier bristol (format 12 x 20 cm)
- magazines, publicités...
- feutres de couleur
- ciseaux
- pastilles rondes autocollantes de 3 couleurs différentes (ici, orange, bleu, rouge)

Sujet, verbe, complément... reconstitue le plus de phrases cohérentes !

La phrase logique

Les jeux de cartes sont très nombreux, celui-ci est inventé pour t'amuser.

1 **FAIS** une liste de phrases (sujets, verbes, compléments) que l'on peut illustrer ou que l'on trouve facilement dans les magazines (par exemple : les bébés boivent du lait, le jardinier arrose les fleurs, le père Noël offre des cadeaux...)

2 **DÉCOUPE** les fiches bristol en 2.

3 **DÉCOUPE** les images sélectionnées pour faire des phrases et colle-les sur les cartes. Dessine ou écris les mots que tu souhaites sur les cartes.

4

Après avoir mélangé les cartes, les joueurs en prennent 6 et posent le reste en pioche. A tour de rôle, chaque joueur prend une carte au hasard à un autre joueur ou dans la pioche. Le gagnant est celui qui fera le plus grand nombre de phrases.

COLLE
des pastilles rouges sur les cartes « sujets », des pastilles orange sur les cartes « verbes » et sur les cartes « compléments », des pastilles bleues.

- carton blanc
- papiers de soie de 7 couleurs différentes
- papier blanc
- feutres de couleur
- cutter (avec un adulte)
- colle blanche
- pinceau
- crayon

▶ Fais preuve d'imagination pour créer le plus de figures possible.

Tangram

Ce casse-tête chinois est vraisemblablement le plus ancien jeu de patience ! Autrefois en ivoire, le tangram est aujourd'hui fabriqué en bois, en carton, en plastique...

1

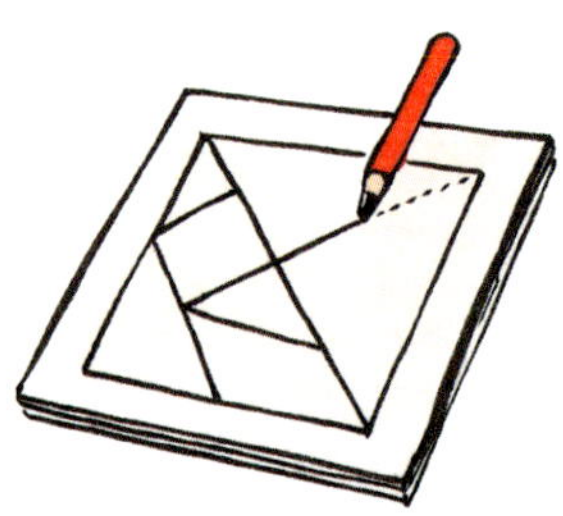

2

3

DÉCOUPE
2 carrés de carton blanc de mêmes dimensions.

DESSINE
au crayon le tracé du tangram sur le premier carré en recopiant le modèle page 122.

DÉCOUPE
au cutter (avec un adulte) les 7 pièces du tangram en suivant soigneusement ton tracé.

De l'alphabet au danseur, les figures constituées par les sept pièces du tangram se comptent par centaines : à toi d'en retrouver ou d'en inventer le plus possible.

4

5

RECOUVRE
chaque pièce du tangram de papiers de soie de couleurs différentes. Recouvre les pièces de colle pour les faire briller. Laisse bien sécher.

COLLE
sur le second carré le pourtour de celui que tu as découpé et colorie-le.

LE TANGRAM TACHES D'ANIMAUX
Procède comme pour le tangram coloré, mais dessine ou peins des taches d'animaux sur chaque pièce (regarde la photo).

3 JEUX d'adresse

- 4 canettes en aluminium
- 8 perles
- fil de fer
- carton
- ciseaux
- 1 feutre noir indélébile
- colle
- ruban adhésif
- peinture métallisée
- pinceau
- 1 paire de chaussettes (pour la balle)

Patatras ! Toutes les boîtes se retrouvent par terre. Bravo, tu as gagné !

Robots chamboule-tout

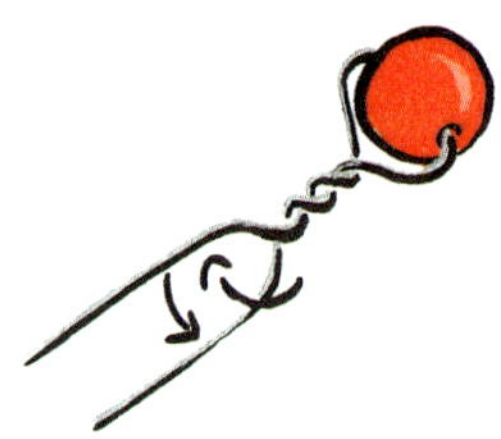

1 **PEINS** les canettes de boisson avec une peinture métallisée.

2 **DESSINE** les robots au feutre noir indélébile (la photo te servira de modèle).

3 **GLISSE** une perle dans un morceau de fil de fer et recourbe le fil autour de la perle. Entortille-le pour faire un bras.

Tu dois réussir à faire tomber le maximum de canettes en un seul lancer.

Tu peux mettre des petits cailloux à l'intérieur des canettes pour faire du bruit !

4

FAIS
la même chose pour l'autre bras et fixe-le avec du ruban adhésif sur le haut de la canette.

5

PEINS
en gris métallisé une rondelle de carton du diamètre du haut de la canette. Colle cette rondelle au-dessus de la canette pour maintenir les bras et cacher le ruban adhésif.

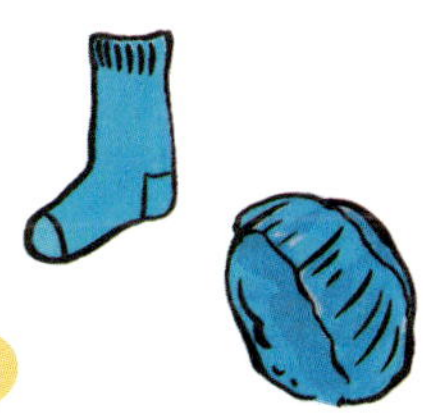

6

FAIS
une boule avec une chaussette pour fabriquer la balle.

Pour 5 quilles :

- 5 grandes bouteilles d'eau en plastique
- carton
- papier épais
- papier aluminium (environ 2 m)
- étoiles autocollantes (une dizaine par fusée)
- papiers de couleur (noir, violet, bleu, rouge, vert et jaune)
- colle blanche
- pinceau
- ruban adhésif
- grosse balle de polystyrène

Feras-tu tomber toutes les fusées en un seul tir ?

Quilles-fusées

Le traditionnel jeu de quilles apparaît en France dès le XIIe siècle sous le nom de « quilles au bâton ».

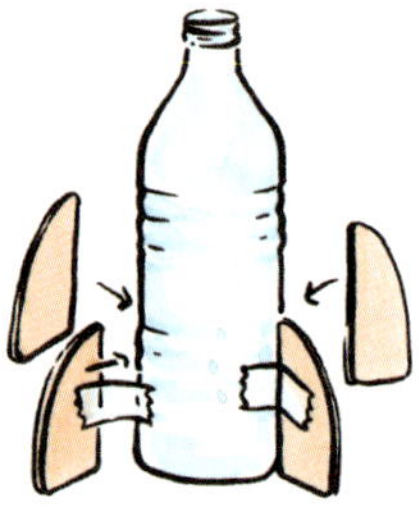

1 **DÉCOUPE** 4 ailerons dans du carton et fixe-les avec du ruban adhésif à la base d'une bouteille en plastique.

2 **FAIS** un cône avec du papier et scotche-le en haut de la bouteille pour faire le nez de la fusée.

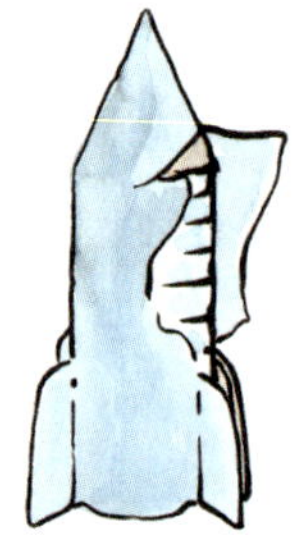

3 **DÉCHIRE** des morceaux de papier aluminium et colle-les sur la forme de la fusée.

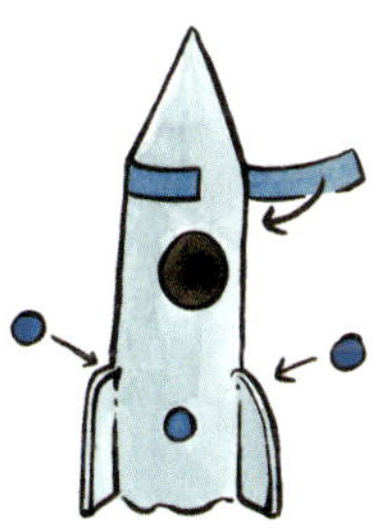

4

DÉCOUPE

dans des papiers de couleur une languette et des ronds pour les phares (une couleur par fusée). Fais un hublot dans du papier noir.

5

COLLE

des autocollants en forme d'étoiles (ou des étoiles découpées dans du papier) pour décorer les fusées.

6

COLLE

des morceaux de papier aluminium sur une grosse boule de polystyrène. Décore cette balle avec des étoiles.

- 2 briques de lait
- 2 longues baguettes de bois ou 2 branches
- ruban adhésif en papier
- ciseaux
- 4 feuilles de papier machine blanc
- peinture ou feutres
- pinceau
- colle vinylique blanche
- 2 balles en plastique
- perles ou boules de cotillon
- fil de fer

Bélier ou éléphant, lequel mènera sa balle le plus vite au bout du parcours ?

Le croquet

Au XIXe siècle, les Anglais se sont inspirés du jeu français de la « crosse », qui datait de l'Antiquité, pour créer le croquet que l'on connaît aujourd'hui.

1 Les maillets

FAIS
2 petites encoches sur le haut des briques de lait, puis glisse une branche ou une baguette de bois dedans. Maintiens-la bien droite dans la brique en la fixant avec du ruban adhésif en papier.

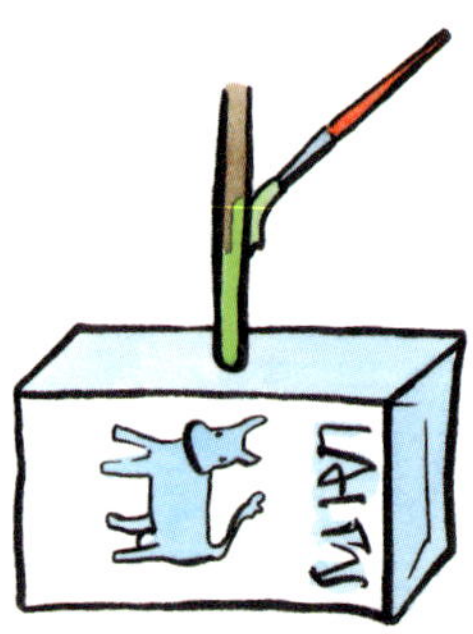

2

DÉCORE
la baguette avec de la peinture ou des feutres.

3

PHOTOCOPIE
ou décalque les modèles pages 112 et 113, et colorie-les.

Fais passer la balle sous tous les arceaux, en frappant le moins de fois possible avec le maillet.

4

5 La balle

6 Les arceaux

COLLE
les différentes parties de l'animal sur la brique de lait. Pour la partie du dessus, fais une encoche au milieu du papier et glisse-le le long de la baguette.

PRENDS
une balle et décore-la avec des motifs découpés (des étoiles, par exemple). Recouvre-la de colle blanche avec un pinceau pour la faire briller et pour imperméabiliser les décorations.

UTILISE
du fil de fer que tu tortilleras pour le doubler et que tu courberas en arcs de cercles. Décore avec des perles ou des boules de cotillon.

- 1 filet à pommes de terre ou oignons
- carton
- cutter ou ciseaux
- peinture
- pinceau
- ruban adhésif
- 1 balle en polystyrène
- colle vinylique blanche

Ce jeu, proche du basket, a transformé ses paniers en deux animaux très gourmands, prêts à manger beaucoup de balles.

La balle au panier

Le but est de marquer un maximum de points en lançant les balles dans le panier.

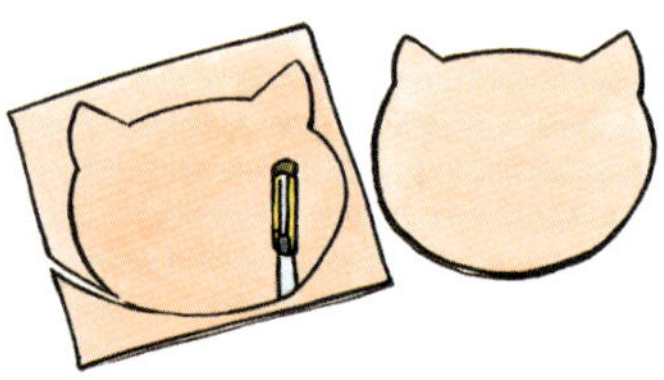

1

DÉCOUPE
2 fois la même forme de tête d'animal dans du carton.

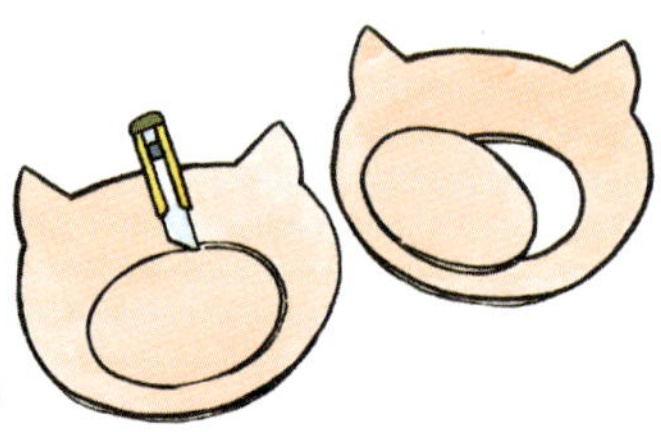

2

DÉCOUPE
2 fois le même ovale pour faire la bouche dans ces 2 formes.

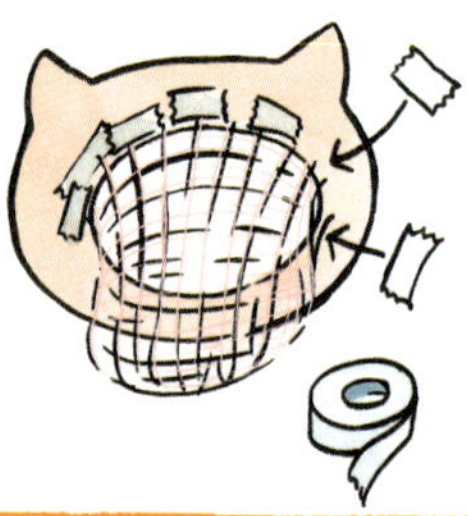

3

PRENDS
un filet de légumes et fixe les bords le long de la bouche sur l'envers de la forme avec du ruban adhésif.

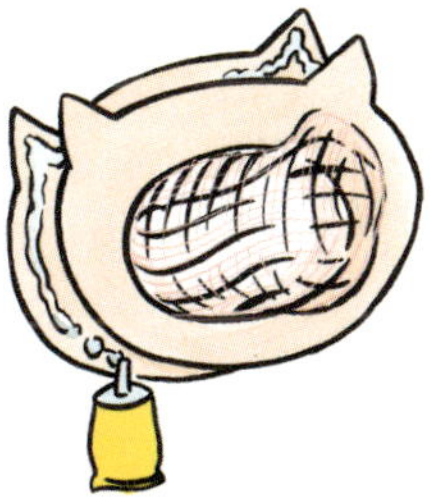

4

5

CONSOLIDE
en collant la deuxième forme pour emprisonner les bords du filet.

PEINS
la tête de l'animal et une balle en polystyrène. Recouvre-la de colle blanche avec un pinceau pour la faire briller et l'imperméabiliser.

Pour 2 joueurs :

- 2 gants de cuisine
- fil et aiguille
- colle
- feutrine
- ciseaux
- 1 balle en plastique
- Velcro adhésif (1 dizaine de pastilles rondes par animal)
- 4 faux yeux adhésifs en plastique ou papier blanc et feutres

Prépare-toi à attraper la balle, ton animal est affamé...

Les mange-balles dino et girafe

1

DÉCOUPE
dans de la feutrine les éléments d'une tête d'animal (ici, une girafe et un dinosaure).

2

COLLE
ou couds les morceaux de feutrine sur un gant de cuisine.

3

COLLE
des faux yeux en plastique ou des rondelles de papier blanc décorées au feutre pour figurer la pupille.

Placé l'un en face de l'autre, les joueurs s'envoient la balle.

4

5

COLLE
des morceaux de Velcro pour figurer les dents.

COLLE
l'autre partie des Velcro sur une balle pour que l'animal-gant puisse l'attraper.

- 1 carton de 40 x 45 cm
- de la feutrine verte, blanche, rouge 40 x 45 cm (pour chaque couleur)
- colle en gel
- ciseaux
- pastilles Velcro (en vente dans les magasins de loisirs créatifs)
- 1 balle en polystyrène
- feutre ou peinture

Croa, croa, madame la grenouille attend la balle la bouche grande ouverte...

La grenouille-cible

Chaque partie du visage de la grenouille vaut un certain nombre de points : vise les éléments les plus forts avec ta balle.

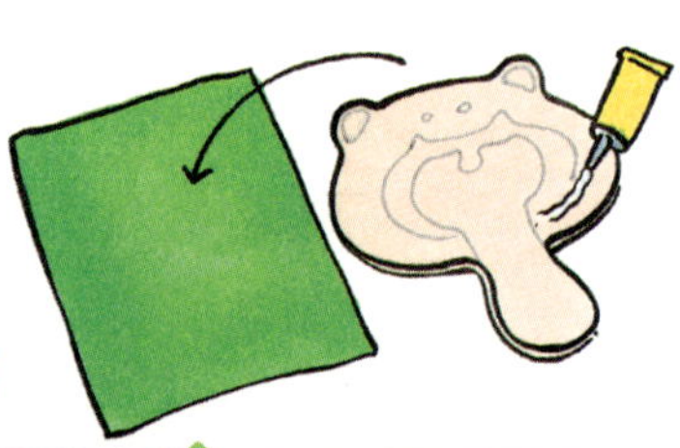

1 **DÉCOUPE** la forme de la grenouille sur un carton et découpe-la (modèle pages 114-115).

2 **COLLE** la feutrine verte sur le carton découpé.

3 **DÉCOUPE** les bords et rabats-les au dos du carton.

Si la feutrine n'attache pas bien, frotte-la doucement avec une brosse à ongles.

4

5

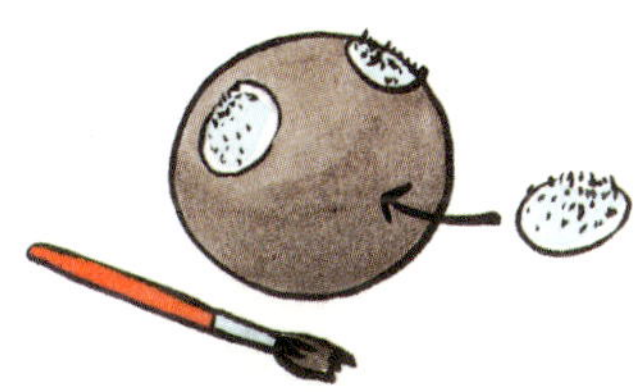

6

DÉCOUPE
les autres formes (patrons pages 114 et 115) dans les différentes couleurs et colle-les sur la feutrine verte.

ÉCRIS
les chiffres sur les différentes parties de la grenouille avec un gros feutre ou de la peinture.

PEINS
la balle en noir. Laisse sécher, puis colle les Velcro dessus.

- 1 grand carton (80 x 80 cm)
- du tissu
- 1 assiette
- petits paquets de bonbons
- rubans de différentes couleurs
- ciseaux
- peinture
- 1 crayon

Ce jeu est réservé aux bons viseurs et aux gourmands !

La cible au sol

Ce jeu peut être comparé à un jeu traditionnel breton très ancien, appelé la « galoche bigoudène », qui consiste à lancer des palets sur une cible par terre.

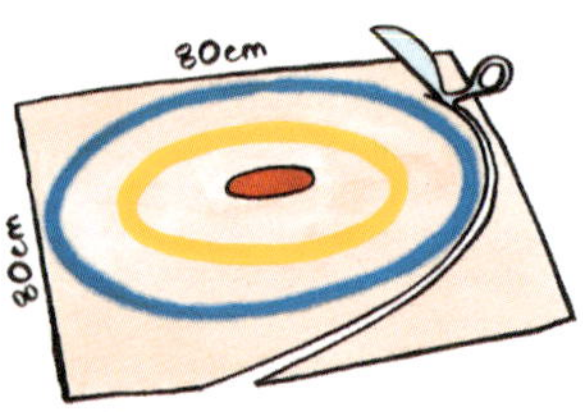

1 La cible

DÉCOUPE
une grande forme ronde dans le grand carton et peins les cercles en couleurs autour d'un point central (le cœur de cible !).

2 Les paquets de bonbons

POSE
une assiette sur le tissu, trace le contour et découpe la forme.

3

COUPE
un mètre d'une couleur de ruban et des bouts de 10 cm environ dans d'autres couleurs. Accroche les bouts sur le grand ruban sur 10 cm à peu près.

4

Lance ton petit paquet de bonbons en plein dans le rouge et tu auras gagné la partie... et les bonbons !

PLACE
un petit paquet de bonbons au centre du tissu et ferme-le avec le ruban.

- du carton : 38 x 32 cm, 18 x 38 cm, 20 x 32 cm et 32 x 48 cm
- la partie centrale d'un rouleau de ruban adhésif
- ruban adhésif
- colle
- 1 grande cordelette (environ 1,50 m)
- 2 perles
- 2 rondelles en fer identiques de 4 ou 5 cm de diamètre
- crayon
- règle
- cutter
- 1 bille
- peinture
- pinceau

Patience et adresse seront nécessaires pour gagner ce jeu !

La boule qui monte

Ce jeu s'inspire d'un jeu traditionnel, appelé aussi « jeu du gruyère », originaire des Pays-Bas et de la Suisse.

1

DÉCOUPE
les cartons comme sur le dessin. Assemble-les avec de la colle (ou du ruban adhésif).

2

TRACE
le dessin sur le grand carton (modèle pages 116-117). Fais découper les cercles au cutter par un adulte.

3

DÉCOUPE
la forme de la petite souris dans du carton (patron pages 116-117) et colle le centre du rouleau adhésif dessus.

En tenant les 2 bouts de la cordelette, tu dois faire glisser la boule le long du tracé sans qu'elle tombe dans les trous... Le gagnant est celui qui arrivera jusqu'au bout du parcours.

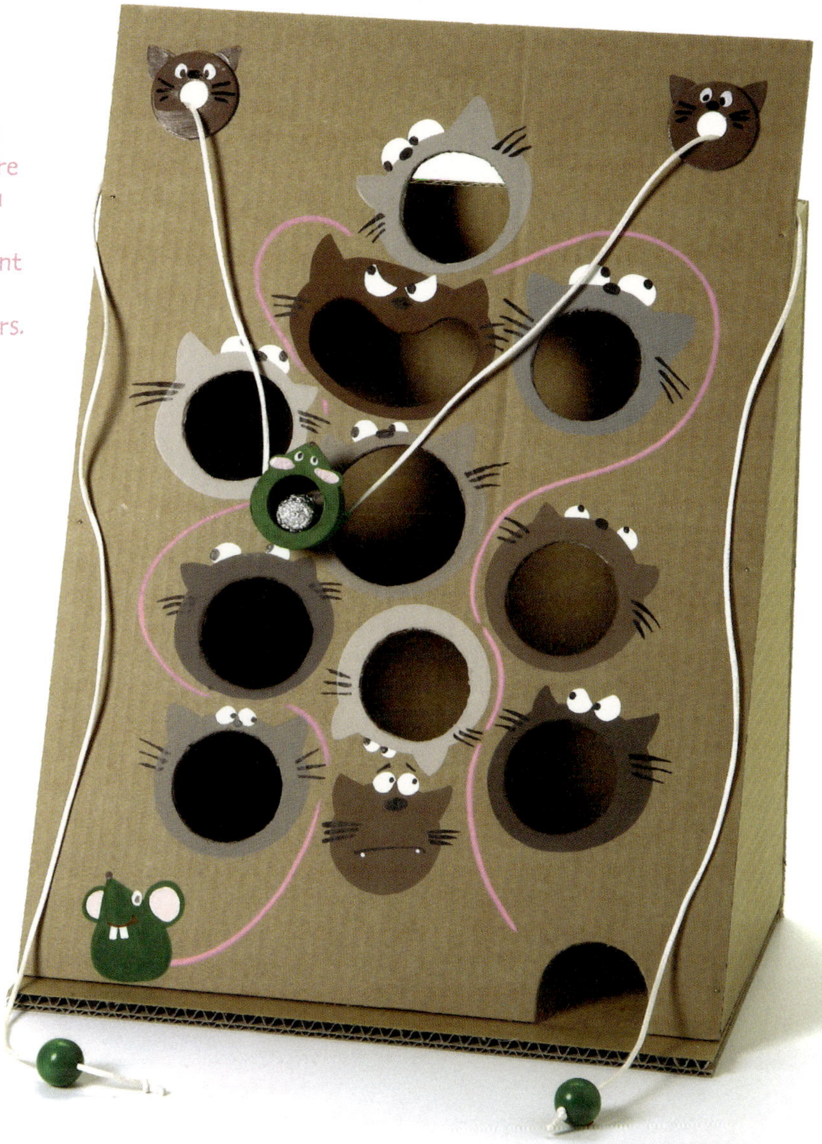

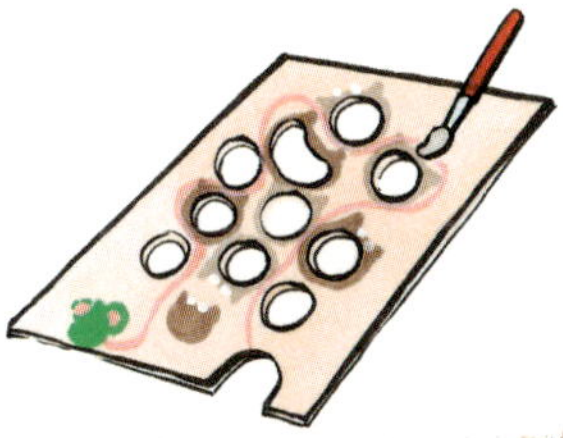

4

PEINS
le décor des chats et le chemin de la souris en rose. Peins aussi la souris.

5

DÉCOUPE
2 carrés plus grands que le trou des rondelles en fer sur le haut du carton, à 3 ou 4 cm du bord, et colle les rondelles en fer.

6

ENTOURE
le cordon autour du rouleau et fixe-le sur les deux tiers avec du ruban adhésif.
Passe ensuite le cordon dans les rondelles.

- 1 rouleau de carton (tube au centre des rouleaux de papier cadeau ou pour couvrir les livres)
- aimant en plaque (de la longueur du parcours)
- rouleau de papier toilette
- carton
- peinture
- pinceau
- colle
- boules de cotillon
- papier transparent
- ciseaux
- cutter
- papier
- agrafeuse

Ta boule doit rouler jusqu'à l'arrivée sans sortir de la piste, si tu veux gagner la partie.

Parcours aimanté pour boules de cotillon

1

2

3
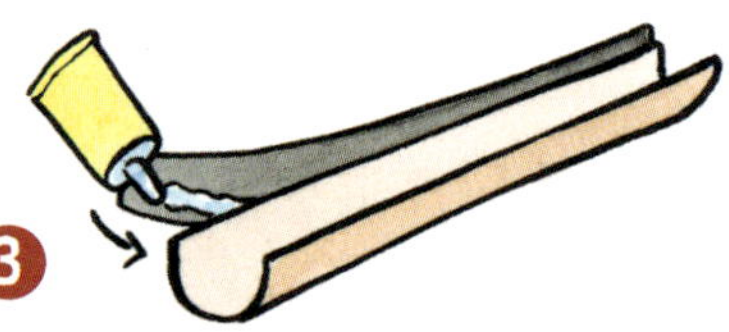

DÉCOUPE
le rouleau en plusieurs morceaux de longueurs différentes (10 à 25 cm).

COUPE
les morceaux dans le sens de la longueur. (Fais-toi aider par un adulte si tu utilises un cutter.)

COLLE
une longueur d'aimant sur toute la longueur du carton, comme sur le dessin. Recommence pour chaque longueur de carton.

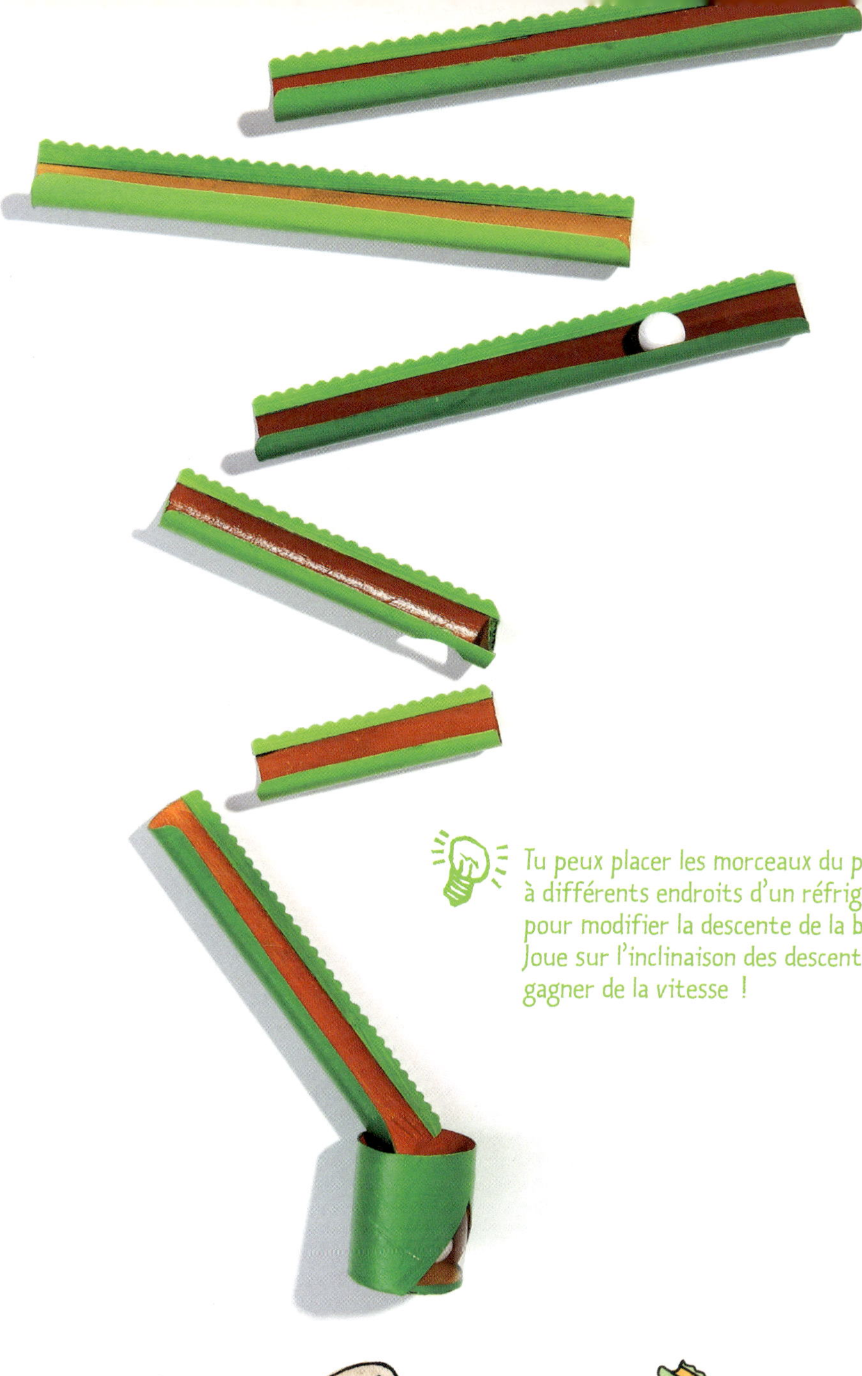

Tu peux placer les morceaux du parcours à différents endroits d'un réfrigérateur pour modifier la descente de la boule. Joue sur l'inclinaison des descentes pour gagner de la vitesse !

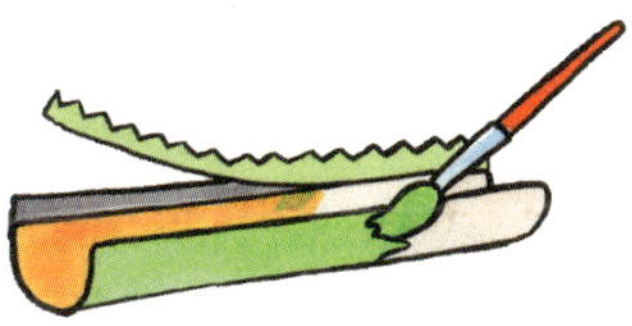

4

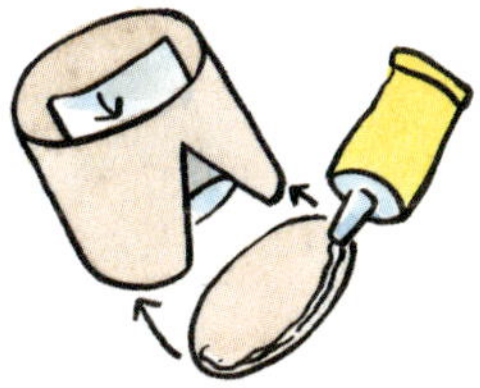

5

6

PEINS
le carton, puis colle une bande de papier pour cacher le bord de l'aimant.

DÉCOUPE
un morceau de rouleau de papier toilette pour faire le gobelet. Tu peux découper une fenêtre et coller un papier transparent. Colle un carton au fond.

AGRAFE
le « gobelet » à une bande en carton.

- petites bouteilles de yaourt à boire (1 par bateau)
- quelques bouchons de liège
- piques en bois (à brochettes)
- fils scoubidou
- fil de fer
- colle forte (en gel) et vinylique
- ciseaux
- peinture
- pinceau
- sacs en plastique (pour les voiles)
- ruban adhésif de couleur ou mousse en plaque (en vente dans les magasins de loisirs créatifs)

Qui pêchera le plus beau des bateaux ?

Pêche à la ligne

Ce jeu est toujours apprécié par les enfants lors de kermesses ou de fêtes d'école.

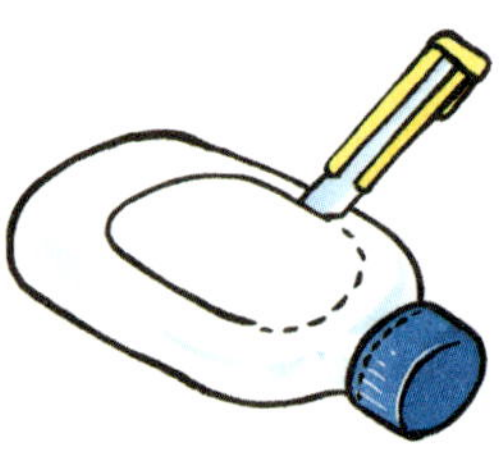

1

DÉCOUPE un côté des bouteilles bien lavées. (Garde les bouchons.)

2

COUPE un bouchon de liège en 2 dans le sens de la longueur et prépare un trou pour y passer la pique à brochette.

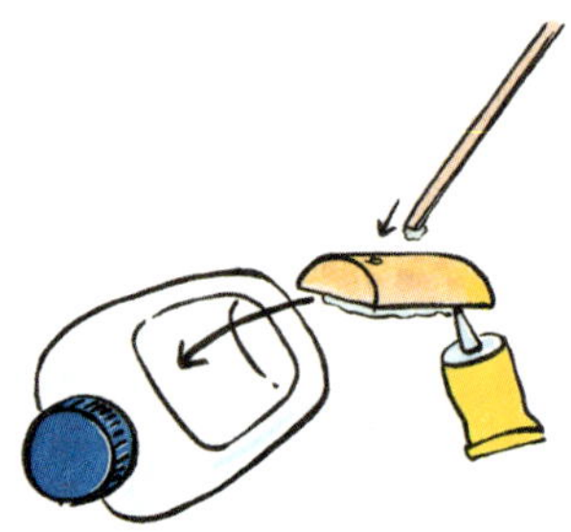

3

COLLE la pique à brochette sur le bouchon avec la colle forte en gel.

Le numéro du bateau que tu pêcheras correspond au numéro de ton cadeau !

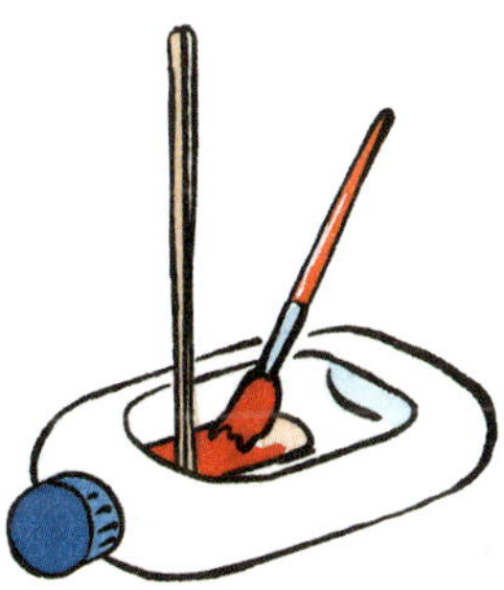

4

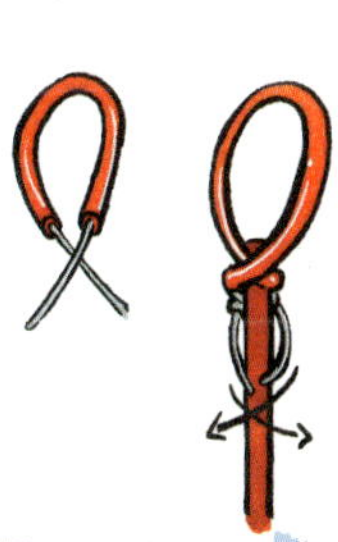

5

6

PEINS
la bouteille, la pique et le bouchon. Pour que la peinture adhère bien, tu peux poncer légèrement le plastique avant de peindre ou passer au pinceau une couche de colle vinylique.

FIXE
un morceau de fil de fer passé dans un fil scoubidou en haut du mât.

DÉCORE
ton bateau avec du ruban adhésif de couleur ou de la mousse en plaque. Colle une voile découpée dans un sac en plastique. Peins un numéro dessus.

Pour 3 joueurs (3 cannes à pêche et 9 aliments) :

- 9 couvercles en métal (confiture, mayonnaise...)
- 9 bouchons de liège
- 3 aimants
- fil de nylon et fil de fer
- 3 bâtons ou bambous
- papier machine ou journal
- ciseaux
- carton
- peinture et pinceau
- laine ou papier (pour les moustaches)
- papier adhésif
- colle blanche

Ne fais pas manger n'importe quoi à ton animal et sois le plus rapide !

Qui mange quoi ?

Ce jeu est une version originale de la pêche à la ligne.

1 La souris (le principe sera le même pour le lapin)

DÉCOUPE
un cercle dans du carton.

2

FROISSE
du papier pour faire une boule, et place-la sur la rondelle de carton découpée.

3

RECOUVRE
le tout de papier adhésif en insérant l'extrémité d'un fil de nylon sur le haut de la forme.

4

5

6

FAIS
de plus petites boules pour
la tête et découpe des oreilles.
Fixe le tout avec du ruban adhésif.

BADIGEONNE
de colle blanche et recouvre
la forme créée de morceaux
de papier.

COLLE
4 bouchons de liège pour faire
les pattes, puis colle un aimant
sous l'une d'elles.

SUITE DE LA PAGE PRÉCÉDENTE

Qui mange quoi ?

Chaque animal ne devra attraper que l'aliment qui lui correspond !

7

PEINS
et décore l'animal créé, puis attache l'autre extrémité du fil au bout d'un bâton pour faire la canne à pêche.

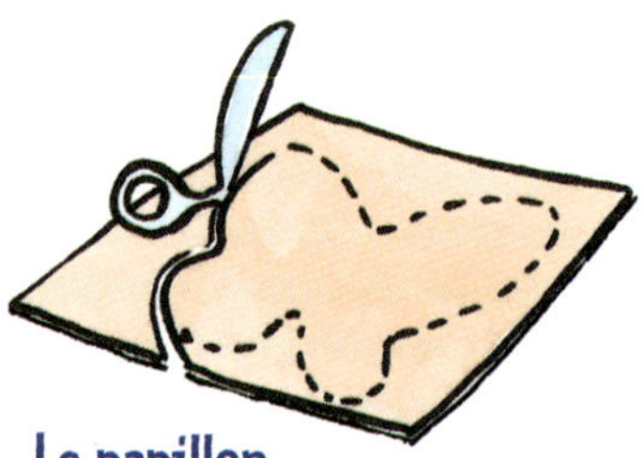

8 **Le papillon**

DÉCOUPE
la forme dans du carton (modèle page 119).

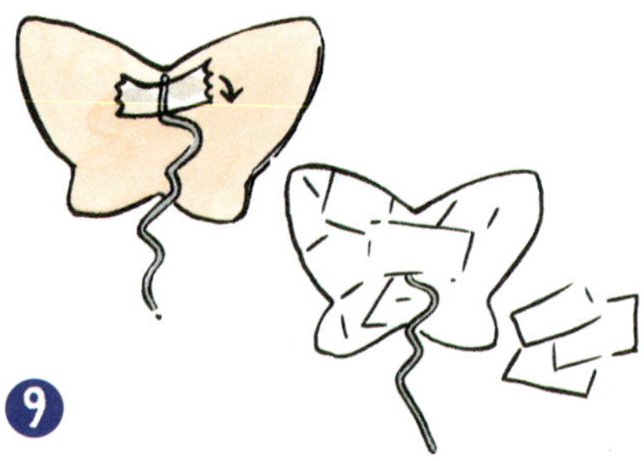

9

FIXE
un bout de fil de fer entre les ailes avec du ruban adhésif.
Recouvre de papier et peins.

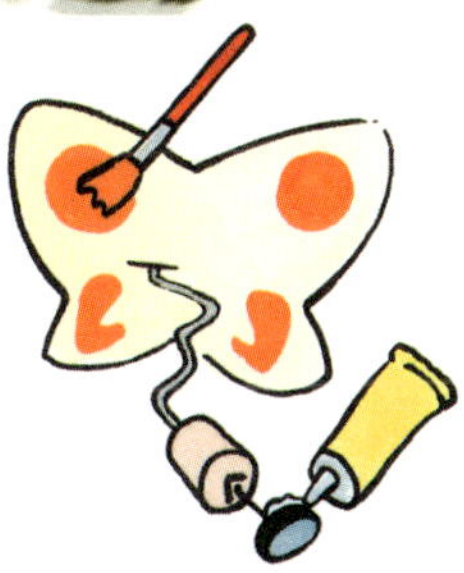

10

ENFONCE
une rondelle de bouchon à l'autre bout du fil de fer et colle l'aimant dessus. (Pour éviter de déséquilibrer le papillon, utilise du fil de fer à la place du fil de nylon pour faire le fil de la canne à pêche.)

11 **Les aliments**

DÉCOUPE
dans du papier les aliments que chaque animal a l'habitude de manger (lapin : carotte, souris : gruyère, papillon : fleur, modèles pages 118-119). Peins-les.

12

COLLE
un couvercle en métal sous chaque aliment.

Pour 4 joueurs
- 4 bouteilles de sirop (forme cylindrique)
- bonbons de forme allongée
- fil de nylon
- 4 bâtons ou bambous
- papier machine blanc
- ciseaux
- colle
- pinceau
- peinture et crayon

Pour gagner le bonbon,
il te faut être très habile !

Vise-goulot

Le but du jeu est de glisser
le bonbon dans la bouteille.

1

PHOTOCOPIE
à la bonne taille ou redessine les modèles de personnages proposés pages 120-121.

2

DÉCOUPE
un cercle du diamètre de la bouteille et creuse dedans une ouverture pour le passage du goulot. Recouvre le bec verseur d'une bande de papier.

3

PEINS
les personnages et colle-les sur les bouteilles.

4

ATTACHE
un fil de nylon à l'extrémité des baguettes de bois et, à l'autre bout du fil, attache un bonbon de forme allongée.

Pour 2 joueurs (2 phares)

- 2 rouleaux d'essuie-tout
- 1 petite boule de polystyrène
- 2 petites boules de sarbacane ou papier froissé en boule
- papier machine blanc
- ciseaux
- papier de soie coloré
- feutre noir
- carton
- colle blanche
- pinceau
- ficelle ou laine rouge

Sois le plus habile à lancer les bouées autour des phares !

Lancer d'anneaux

Ce lancer d'anneaux s'inspire du « lancer de disques » qui existait dans la Grèce antique. Les Grecs jouaient avec des disques, puis les Anglais, au XIVe siècle, avec des fers à cheval.

1 Le phare

COLLE la moitié d'une boule de polystyrène à l'extrémité d'un rouleau d'essuie-tout, elle-même collée sur un cercle de carton.

2

COLLE sur cette demi-sphère une petite boule de sarbacane ou de papier froissé.

3

COLLE l'autre extrémité du rouleau d'essuie-tout sur un socle en carton.

4

RECOUVRE
le phare de bandes de papier blanc et de couleur (comme sur la photo page suivante).

5

DÉCOUPE
et colle des fenêtres noires et une bande noire pour le haut du phare.

6

BADIGEONNE
le tout de colle blanche pour faire briller ton phare.

SUITE DE LA PAGE PRÉCÉDENTE

Envoie l'anneau autour du phare sans le faire tomber !

Lancer d'anneaux

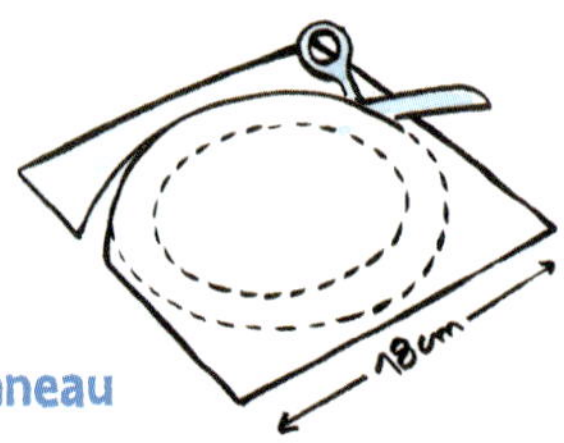

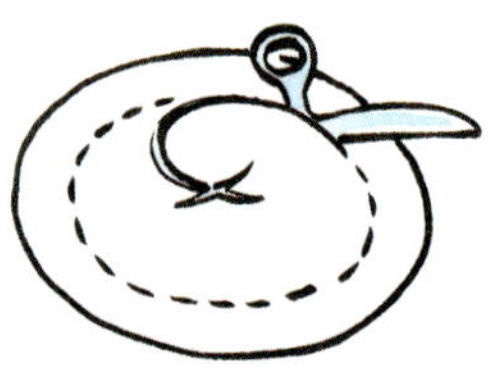

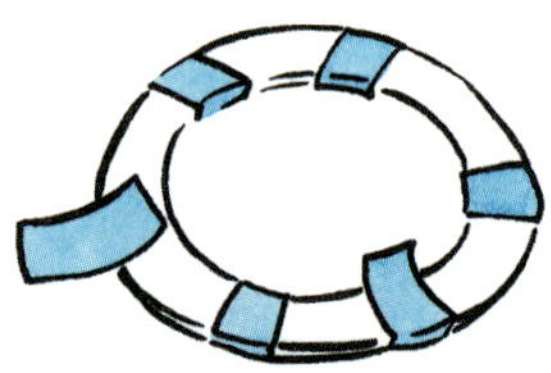

7 L'anneau

DÉCOUPE
un cercle dans du carton (18 cm de diamètre).

8

CREUSE
un deuxième cercle (13 cm de diamètre).

9

COLLE
6 bandes de papier bleu sur l'anneau.

10

FIXE
la ficelle rouge avec de la colle.

- 1 planche 60 x 120 cm en mélaminé blanc ou isorel
- 8 tasseaux :
  120 cm x 2
  18 cm x 4
  60 cm x 2
- 2 poignées rondes
- 2 ronds (roues) en bois
- peinture
- pinceau
- feutre blanc
- colle à bois
- clous
- marteau
- perceuse
- tournevis
- scie
- pion
- 20 perles
- 2 cintres
- pince
- vrille

Seul ou en équipe, tu dois lancer le palet dans les buts adverses...

Hockey sur table

La présence d'un adulte est recommandée.

1

2

3

PEINS
les tasseaux qui vont entourer la planche, puis trace la ligne du milieu (sur la planche).

COLLE
sur la planche les 2 tasseaux longs. Une fois sec, retourne la planche et cloue les tasseaux tout le long du bord.

COLLE
les 4 tasseaux de 18 cm sur les largeurs de la planche.

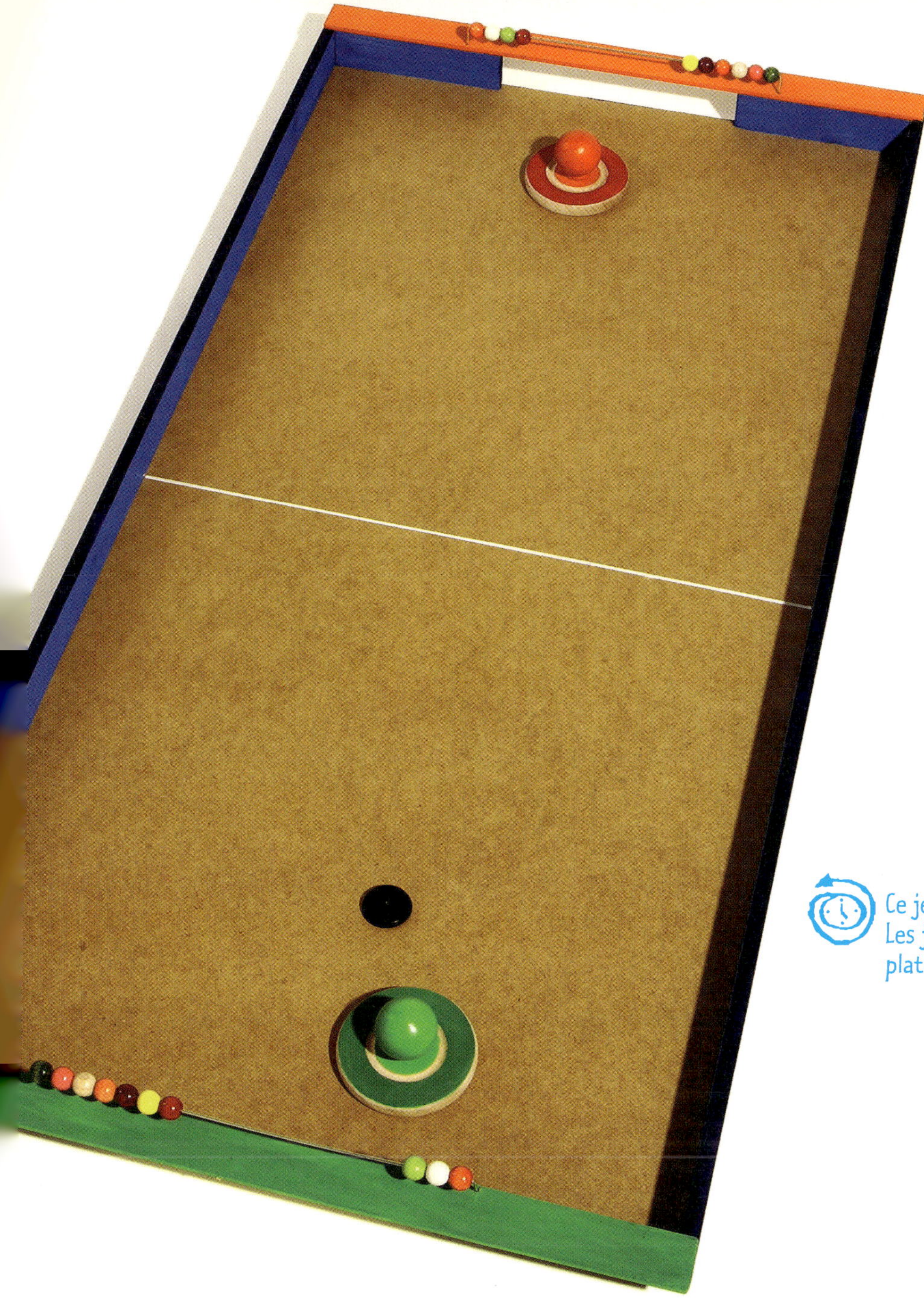

Ce jeu était déjà connu dans l'Antiquité. Les joueurs utilisaient des galets bien plats ou des pièces de monnaie.

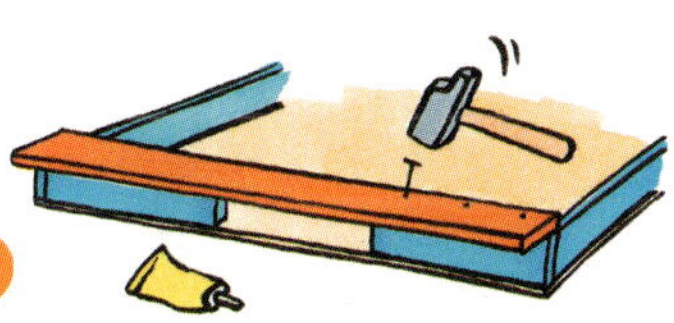

4

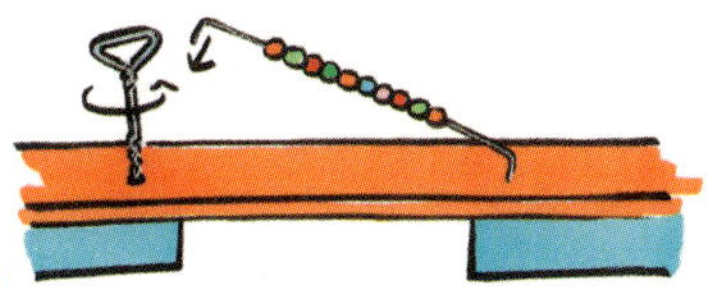

5

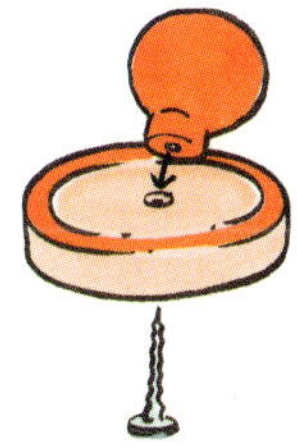

6

COLLE ET CLOUE

les 2 tasseaux qui vont supporter le boulier.

COUPE

la longueur du cintre, enfile 10 perles et tords les extrémités à 45 degrés. Puis fais 2 trous à la vrille de la longueur de la tige de métal sur un tasseau (d'une des 2 largeurs) et colle chaque bout dans le bois.

COLLE

et visse les poignées sur les roues en bois pour faire les « palets ». Pour que la vis ne dépasse pas, il faut agrandir le trou avec une mèche large de perceuse.

- 1 carton
- peinture
- ciseaux
- colle
- cutter
- quelques billes
- 4 attaches parisiennes
- 2 élastiques
- feutres

Face à ton ennemi, tu devras venir à bout de son château et de ses chevaliers !

À l'attaque du château

Ce jeu s'inspire du « pont aux billes », un jeu traditionnel bien connu depuis très longtemps.

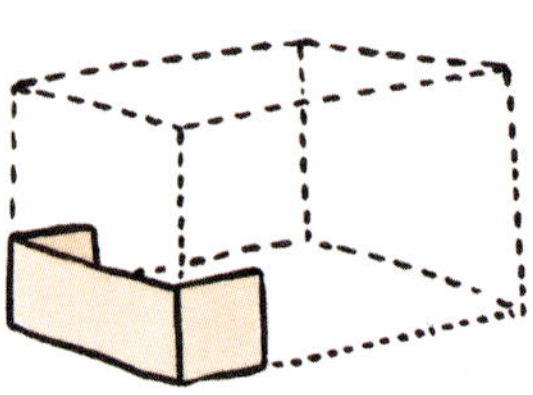

1

DÉCOUPE un carton pour récupérer un angle. C'est la base du château.

2

DÉCOUPE 2 grands rectangles pour les tours dans le reste du carton.

3

DÉCOUPE les arches et les créneaux. L'arche de la tour est légèrement plus grande que celle découpée dans la structure de base.

Avec des billes, pars à l'assaut
du château... Si tu renverses
un chevalier, double tes points !

4

COLLE
les tours sur les châteaux, puis peins le tout.

5

PERCE
le carton des grandes arches avec des attaches parisiennes et glisse un élastique dedans.

6

DESSINE
et colorie un chevalier sur un petit bout de carton, fixe-le comme sur le dessin.

- 1 petite boîte de lessive
- 90 clous environ
- feutrine
- ciseaux
- fil épais ou laine (noir)
- papier cartonné
- bille
- papier qui imite l'herbe ou papier vert
- colle
- cutter

Sauras-tu sortir de ce labyrinthe sans tomber dans le piège de l'araignée ?

Labyrinthe

Dans l'Antiquité, les Grecs ont conçu des labyrinthes de buissons. Il faut retrouver le chemin qui mène à la sortie !

1

FIXE
des parois en carton sur la boîte de lessive en prenant soin de laisser l'ouverture apparente sur le côté (ouverture pré-perforée pour verser la lessive).

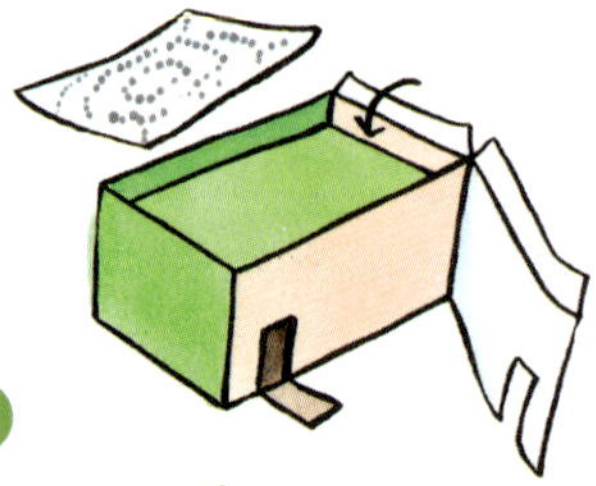

2

RECOUVRE
le tout de papier imitation herbe ou de papier de couleur verte. Photocopie ou redessine à la taille de ton jeu le modèle page 123 et place-le sur le dessus du jeu.

3

MARQUE
le parcours en enfonçant les clous aux endroits indiqués par des points (laisse les ouvertures pièges indiquées par des pointillés sur le patron).

Penche ton labyrinthe à droite, à gauche, en haut ou en bas pour que ta bille parvienne au point d'arrivée sans glisser dans le coin où se trouve l'araignée.

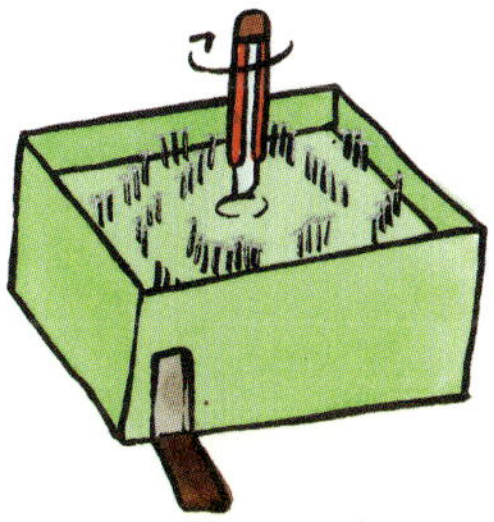

4

CREUSE
le trou du centre avec un cutter (avec l'aide d'un adulte). Retire le modèle en papier en le déchirant.

5

DÉCOUPE
la fleur, l'araignée et la flèche dans de la feutrine, puis colle ces éléments sur le plateau.

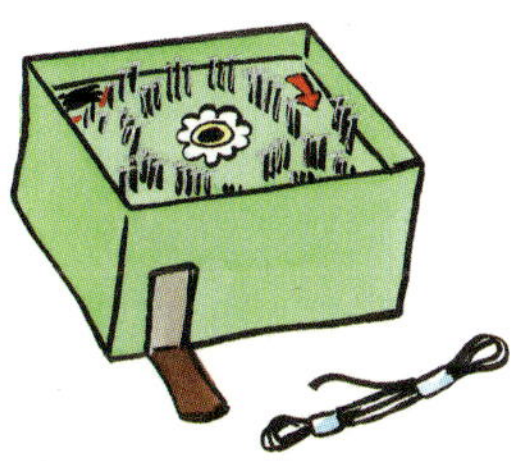

6

RELIE
les clous avec de la laine noire et plaque la laine sur le sol pour laisser passer la bille dans les ouvertures pièges (regarde bien la photo).

- 1 carton 25 x 25 cm
- 7 bouchons de bouteilles de lait
- 16 perles et de la feutrine de 4 couleurs différentes
- 4 planchettes 8 x 3,3 cm
- 1 baguette de bois 8 x 8 mm
- du papier de couleur
- de la colle à paillettes
- colle
- ciseaux
- peinture et pinceau
- scoubidou ou ficelle (environ 20 cm)

Envoie les pions lutins dans les trous de grande valeur pour gagner le plus de points possible...

Les puces acrobates

1 Le plateau

2

3

DÉCOUPE
un rond de 25 cm de diamètre dans du carton.

PLACE
1 bouchon au centre du rond. Les 6 autres bouchons vont être placés autour. Puis trace et découpe les 7 cercles que tu as dessinés avec les bouchons.

COLLE
le papier de couleur sur le carton (de 2 cm plus grand que celui-ci). Découpe à l'aide de ciseaux des étoiles dans les trous et fais des encoches autour du plateau (comme sur le dessin).

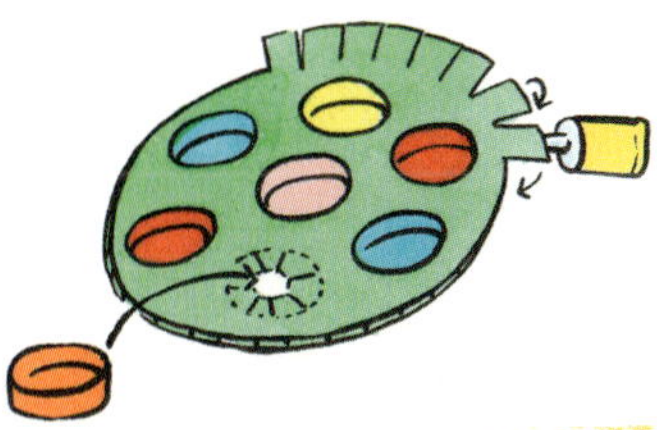

4

5 Les pions

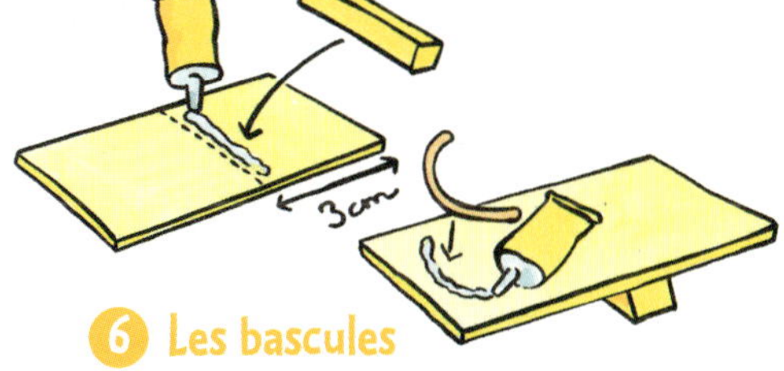

6 Les bascules

ENFONCE
les bouchons dans les trous ; ils doivent tenir sans colle. Puis colle le bord du carton en retournant le papier.

COLLE
un petit chapeau de feutrine sur les perles, comme sur le dessin.

COLLE
à 3 cm du bord des planchettes un morceau de baguette. Peins la bascule et colle du côté le plus long un morceau de scoubidou ou de ficelle pour caler la perle.

- 2 ballons de baudruche ovales
- du papier journal
- colle à papier peint
- fil de fer galvanisé (environ 1 m)
- carton
- 1 balle de polystyrène
- peinture
- pinceau
- ruban adhésif
- 2 rouleaux de papier toilette
- ciseaux

Contrairement au vrai jeu, tu ne joueras pas contre un fronton, mais face à ton adversaire.

Pelote basque en papier mâché

Issu du jeu de paume pratiqué en France au XVIe siècle, la pelote basque a ensuite survécu au Pays basque, d'où son nom actuel.

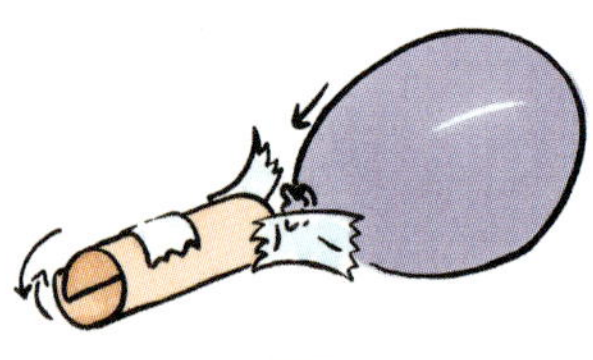

1 **COUPE** les rouleaux de papier toilette dans le sens de la longueur et fixe-les avec du ruban adhésif aux ballons gonflés.

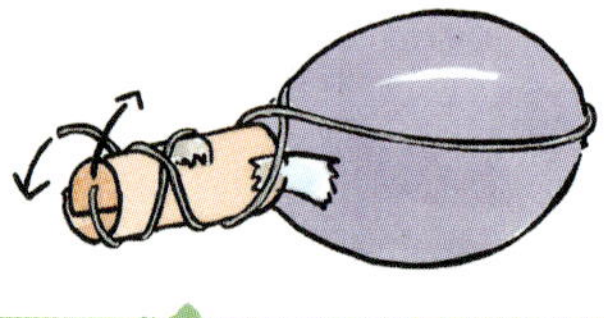

2 **COUPE** environ 50 cm de fil de fer et enroule-le autour de la moitié du ballon (sans trop serrer), puis autour du manche.

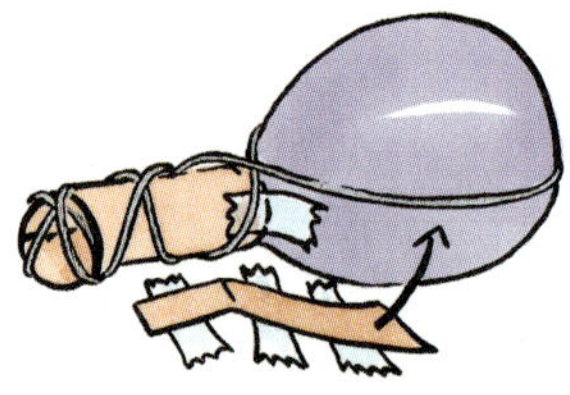

3 **FIXE** un morceau de carton entre le manche et le ballon pour rigidifier l'ensemble.

Le but est d'envoyer la balle dans la chistera de ton adversaire.

4

5

6

RECOUVRE
le tout de morceaux de papier journal trempés dans la colle à papier peint (sur la moitié du ballon seulement). Superpose plusieurs couches pour que ce soit bien solide.

CRÈVE
le ballon quand c'est bien sec (environ 24 h), puis finalise les bords avec du papier journal encollé.

LAISSE
de nouveau bien sécher avant de peindre. Peins également la balle en polystyrène.

- 4 canettes de boisson
- 5 boîtes en plastique (pellicules photos)
- 4 tiges de bois (piques à brochettes de 15 cm)
- papier de couleur (bleu, jaune, rouge)
- ruban adhésif de couleur
- papier ondulé blanc
- 1 carton 50 x 30 cm environ
- 1 marqueur noir

Lancé à vive allure, il n'est pas toujours facile de slalomer entre les plots... Lequel sera le plus rapide ?

Parcours pour voitures

1 L'arrivée et le départ

DÉCOUPE
4 bandes de papier de 22 x 10 cm. Colle-les sur les canettes et fixe le haut avec du ruban adhésif.

2

DÉCOUPE
4 bandes de papier de 30 x 9 cm, roule-les bien serré et plante-les dans les canettes. Colle le bord. Fends le haut, puis glisse du papier bleu découpé comme sur le dessin.

3 Les bornes du circuit

COLLE
un rond de papier de couleur sur le couvercle des pellicules photos et fais un trou dedans. Pique un morceau de baguette (de 15 cm) coloré au marqueur.

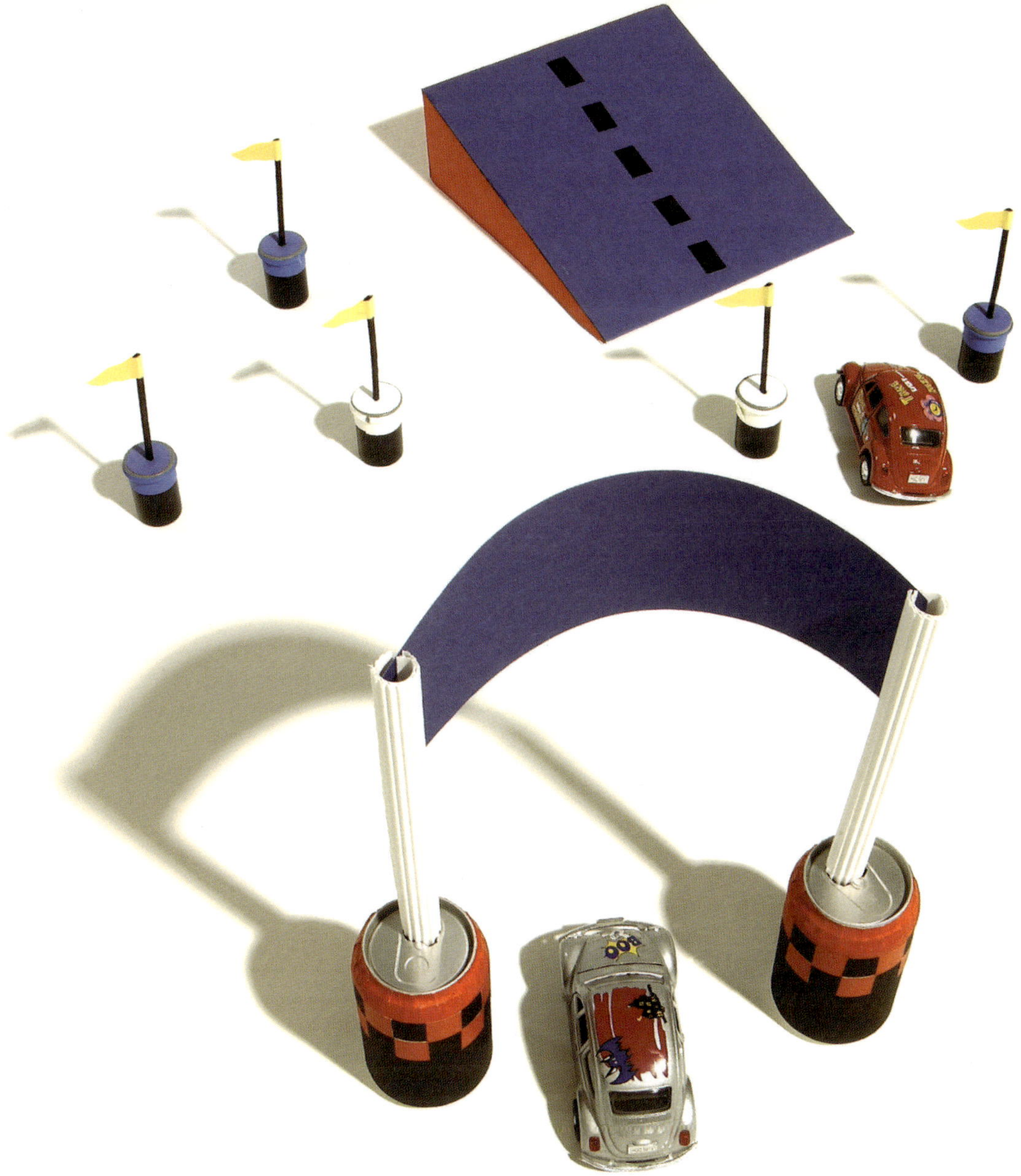

4

5 Le tremplin

6

PLIE
une feuille de papier jaune en 2 (10 x 3 cm) et découpe le drapeau. (Recommence pour chaque boîte de pellicule.) Enroule une bande de ruban adhésif en haut de chaque boîte.

DÉCOUPE
le carton en 4 morceaux (regarde bien les dimensions sur le dessin). Assemble-les comme sur le modèle.

RECOUVRE
le tremplin de papier de couleur.

4 JEUX DE rapidité

- Course d'animaux sur roulettes
- Course en sac

Pour 4 joueurs
- fil de nylon ou ficelle (environ 50 cm par animal)
- 4 courtes baguettes de bois (20 cm)
- 4 petites voitures
- 4 grosses boules de polystyrène
- 1 couteau et un cutter
- colle blanche
- pinceau
- papiers de soie colorés
- des éléments de décoration : boules velues, perles, paillettes, cure-pipes, fil de fer...

Ton animal sur roulettes doit aller vite, très vite, mais attention de ne pas le renverser...

Course d'animaux sur roulettes

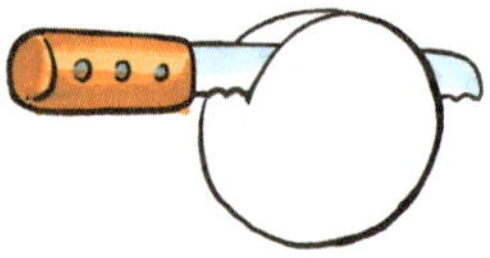

1 **DÉCOUPE** une grosse boule de polystyrène en 2.

2 **CREUSE** un rectangle à l'envers de la forme pour y insérer une petite voiture.

3 **COLLE** dessus du papier de soie coloré. Enduis le tout de colle blanche pour faire briller. Laisse bien sécher.

Les joueurs se placent côte à côte, ficelles bien tendues. Au signal, chacun rembobine et ramène son animal vers lui. Le but du jeu est de rembobiner son animal de course le plus vite possible.

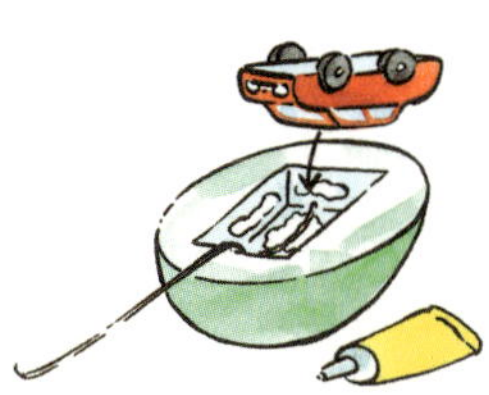

4

GLISSE
entre le trou et la voiture l'extrémité d'une ficelle et colle le tout.

5

DÉCORE
avec des perles, paillettes... pour créer ton animal.

6

ATTACHE
l'autre extrémité de la ficelle à une baguette.

Pour 1 dossard :
- du ruban adhésif large
- du plastique à bulles
- ciseaux

▶ Quel numéro de dossard te portera chance pour une course en sac ?

Course en sac

1

2

3

DÉCOUPE
2 carrés de 20 x 20 cm dans le plastique à bulles.

COLLE
du ruban adhésif sur l'un des côtés du plastique.

RETOURNE
le carré et déroule le ruban adhésif, colle le deuxième carré à 25 cm du premier. Colle du ruban adhésif sur la partie sans plastique à bulles.

Cette course très amusante est un véritable exercice d'équilibre : tu dois courir les 2 pieds dans le sac et maintenir le sac avec tes mains... sans tomber !

Pour faire un dossard à partir d'un sac poubelle à poignées (30 l ou 50 l), coupe le bas du sac et colle des bandes de ruban adhésif pour faire les numéros.

4

ECRIS
les numéros avec des morceaux de ruban adhésif.

5 MODÈLES et patrons

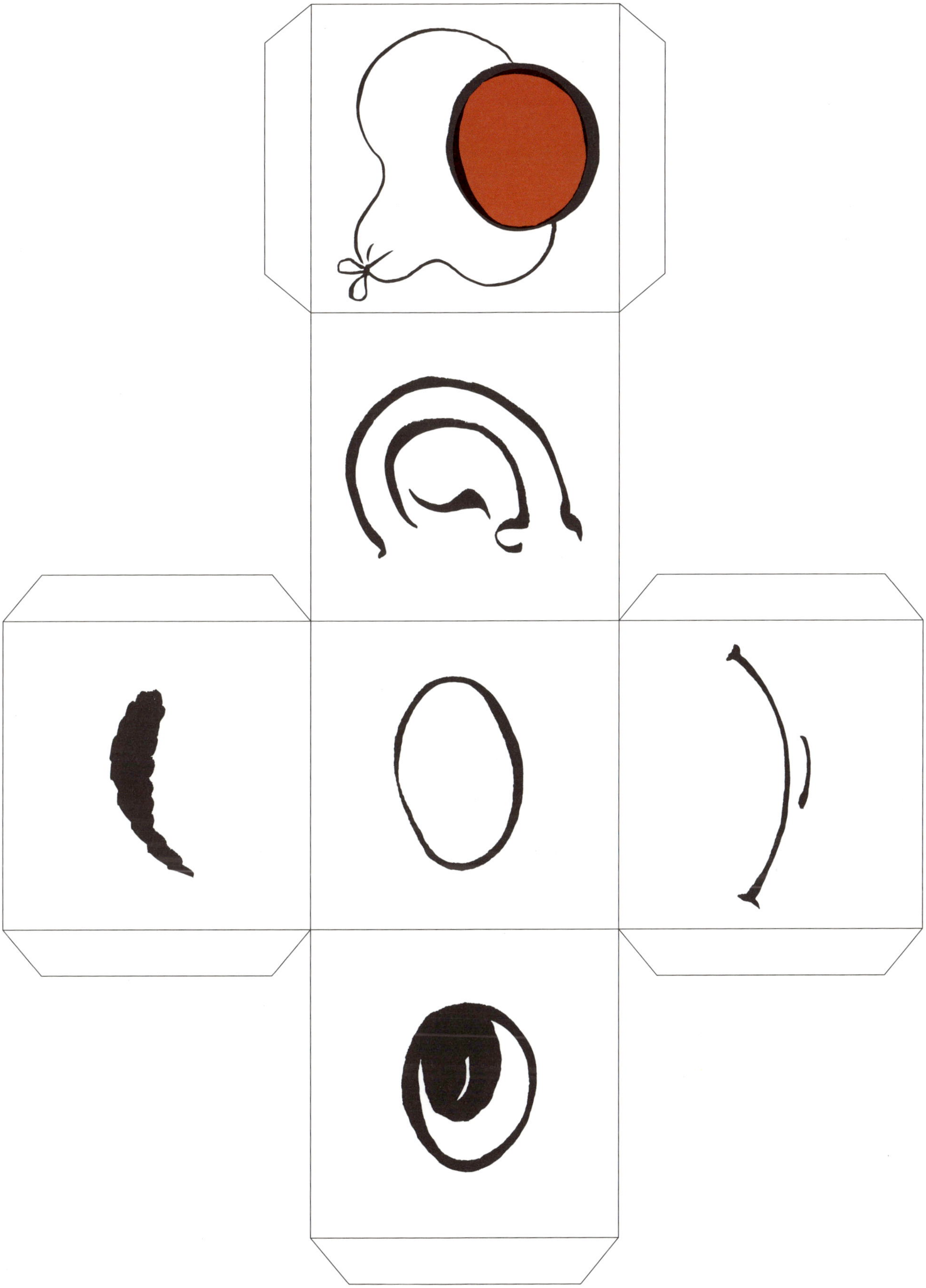

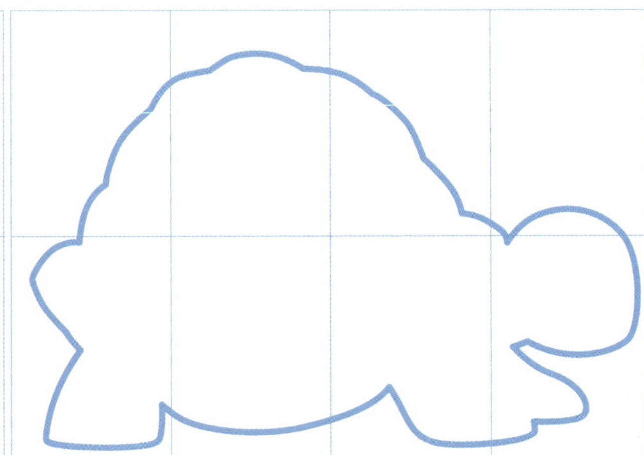

La potion magique, pages 32 et 35

Préparation du jeu :
Un joueur prend le renard, le second joueur prend les poules.
Les poules sont placées sur les 6 cases d'un bras de la croix et toute la ligne suivante (encore 7 cases). Le renard, lui, choisit n'importe quelle place libre.

Déplacements :
Les poules se déplacent d'une case à la fois, sur un côté ou en avant (jamais en diagonale, ni en arrière).
Le renard se déplace d'une case à la fois, dans n'importe quelle direction.

But du jeu :
Le renard mange une poule en passant par dessus. Il doit en manger plusieurs si le placement des poules le lui permet (comme au jeu de dames).
Il a gagné s'il mange toutes les poules ou si les poules ne sont plus assez nombreuses pour le bloquer.
Les poules ont gagné si elles bloquent le renard, en l'encerclant et en l'empêchant de se déplacer.

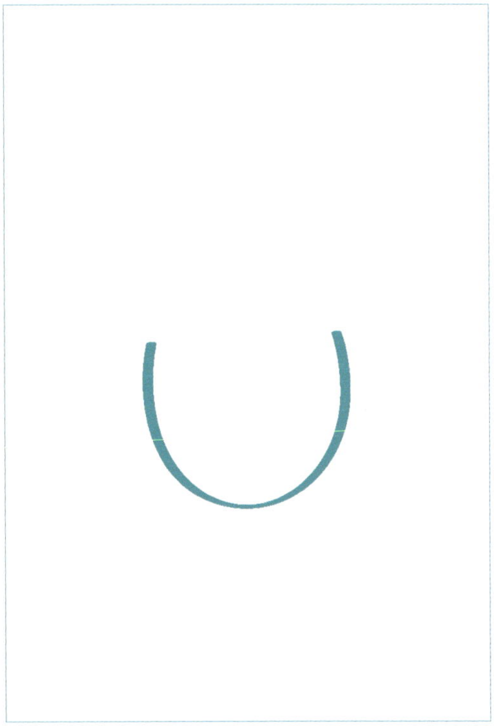

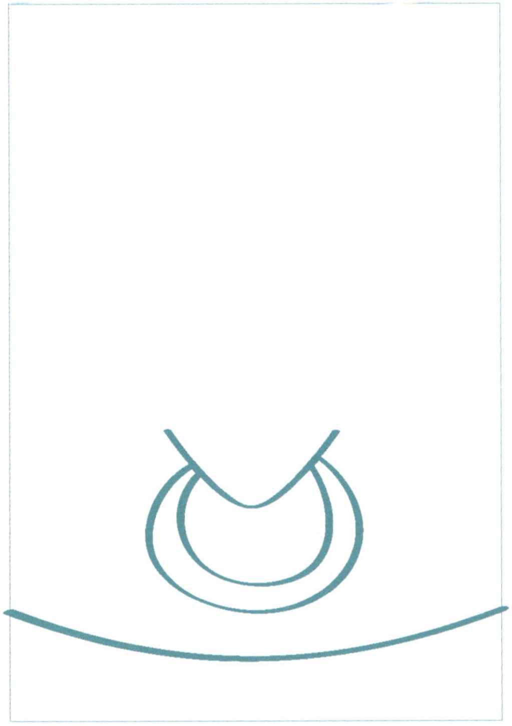

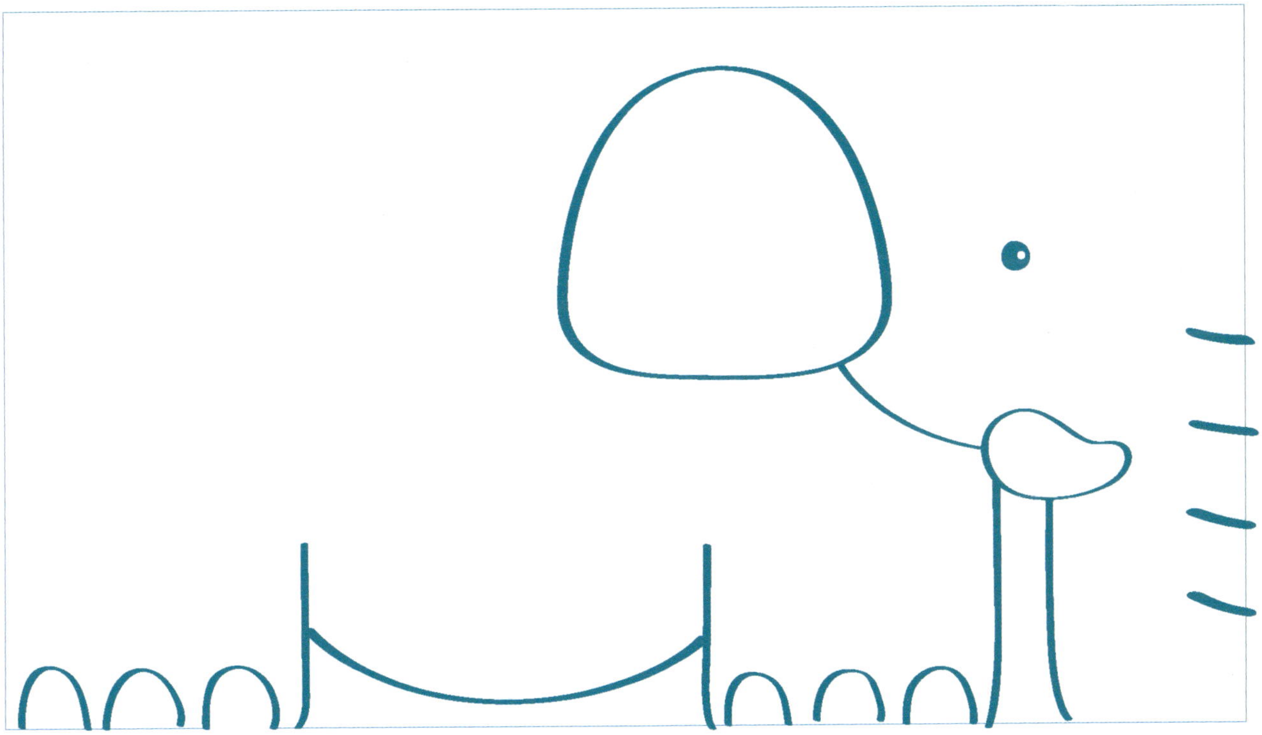

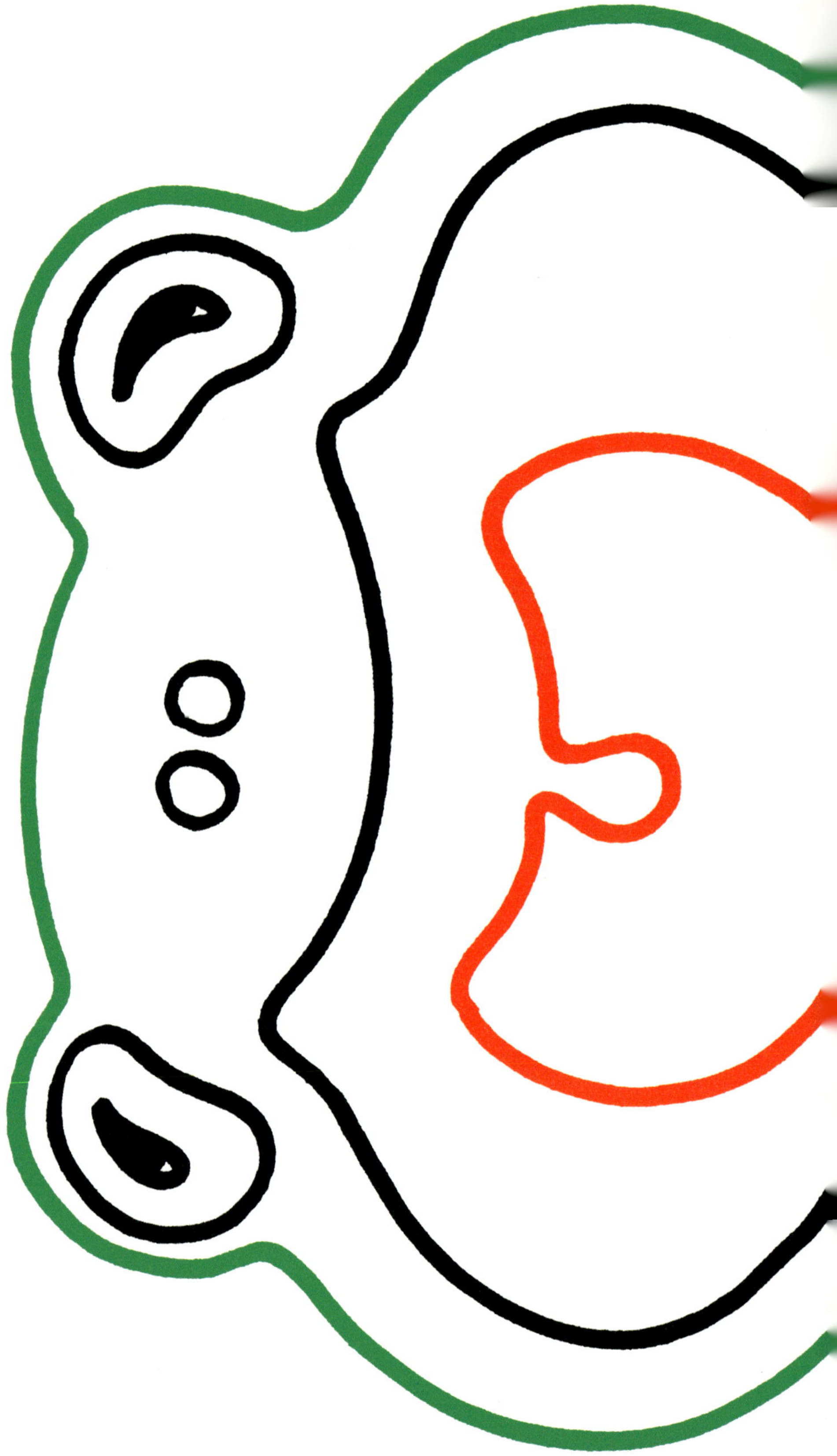

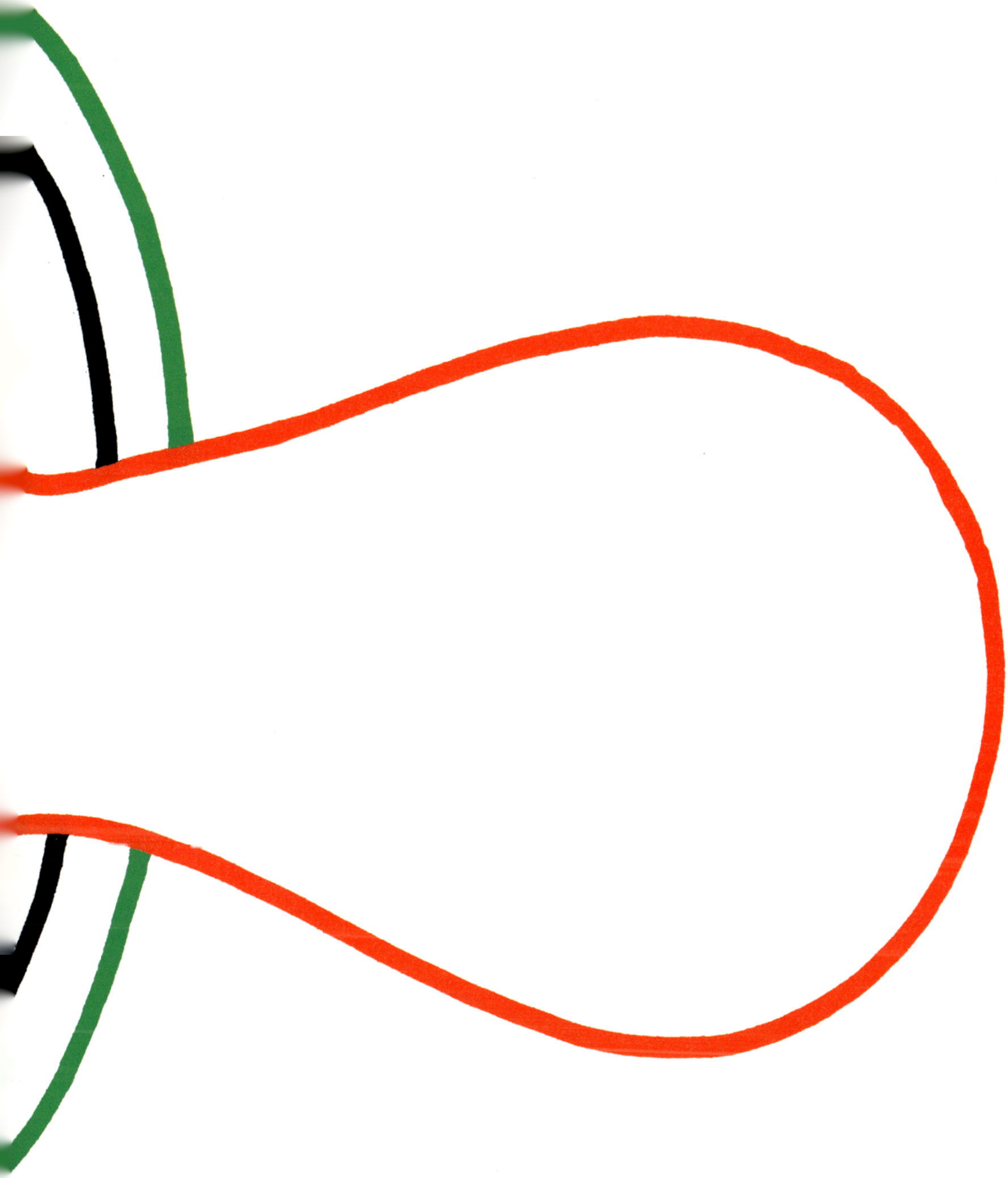

HAUTEUR DE LA BOUTEILLE

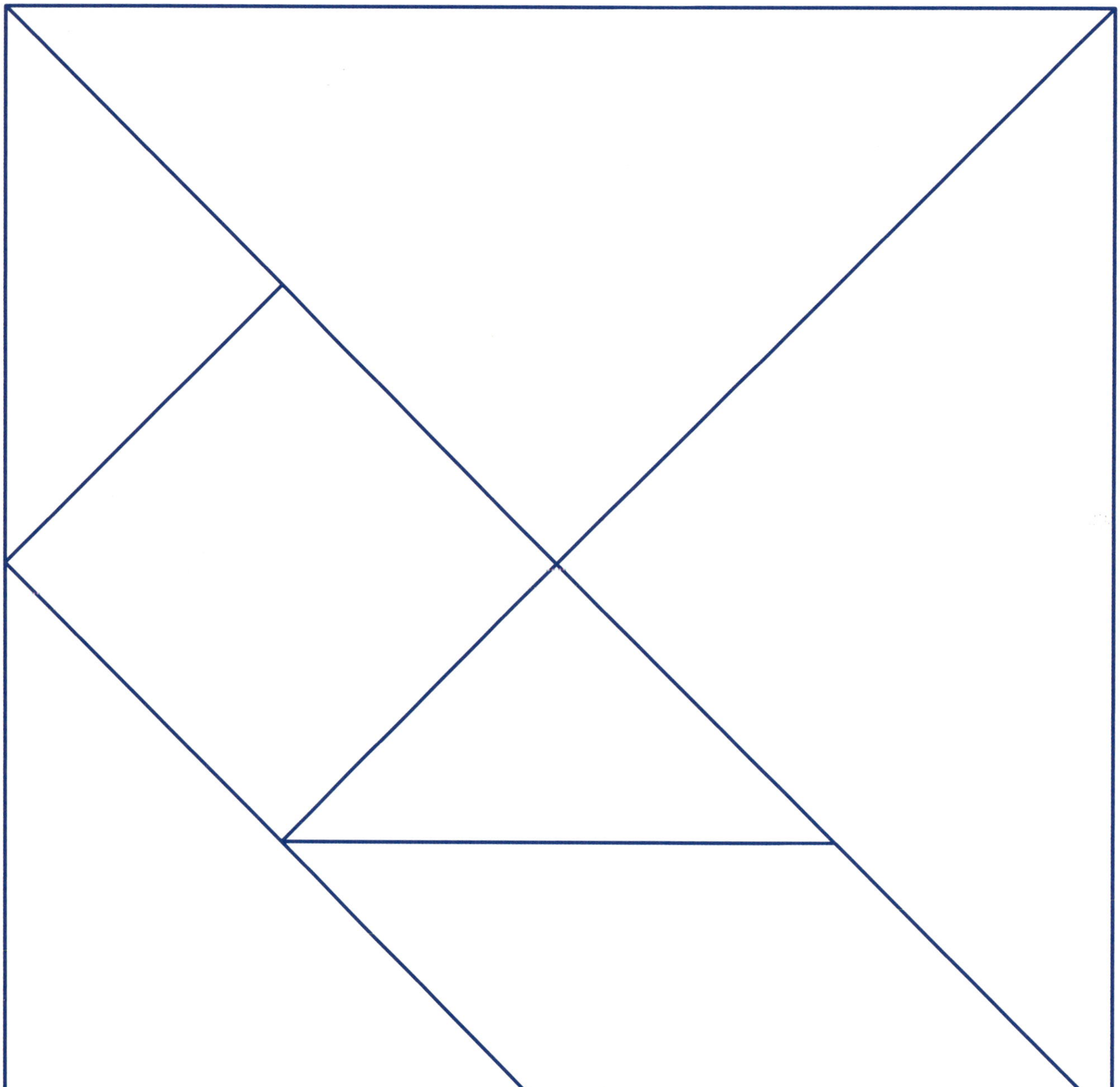

Tangram, pages 52 et 53

LARGEUR DE LA BOÎTE

LONGUEUR DE LA BOÎTE

INDEX

Remerciements à
Créa : 55, rue Saint Placide 75006 Paris
Rougier & Plé / Graphigro
18 magasins en France : Paris 3e, Paris 11e, Paris 15e, Paris 18e, Longjumeau, Nanterre, Neuilly sur Marne, Lille, Villeneuve d'Asq, Nantes, Le Mans, Strasbourg, Bordeaux, Lyon 2e, Lyon 3e, Toulouse, Marseille, Aubagne.
Internet : www.crea.tm.fr
Magasins et VPC : 0825 160 560

Dépôt légal : avril 2004
Loi n° 49-956 du 16 Juillet 1949
sur les publications destinées à la jeunesse
Imprimé en France par Pollina s.a., 85400 Luçon - n° L93085